W0203503

GÜTERSLOHER
VERLAGSHAUS

Ursula Caberta

Scientology

Die ganze Wahrheit

Gütersloher Verlagshaus

Bibliografische Information der Deutschen Nationalbibliothek
Die Deutsche Nationalbibliothek verzeichnet diese Publikation in der Deutschen Nationalbibliografie; detaillierte bibliografische Daten sind im Internet über https://portal.dnb.de abrufbar.

FSC
www.fsc.org
MIX
Papier aus verantwortungsvollen Quellen
FSC® C014496

Verlagsgruppe Random House FSC-DEU-0100
Das für dieses Buch verwendete FSC®-zertifizierte Papier *Munken Premium Cream* liefert Arctic Paper Munkedals AB, Schweden.

1. Auflage, 2014

Umschlagmotiv: © Bernd Vogel/Corbis
Druck und Einband: GGP Media GmbH, Pößneck
Printed in Germany
ISBN 978-3-579-06630-1

www.gtvh.de

Inhalt

Vorwort zur neuen erweiterten Ausgabe

Seit Erscheinen des *Schwarzbuch Scientology* im Jahr 2007 ist viel geschehen. Weder Menschen, die – in welcher Form auch immer – in Berührung mit der Organisation gekommen sind, noch die Teile der breiteren Öffentlichkeit, die an der Entwicklung der Organisation und des Umgangs mit ihr ein Interesse haben, können umhin, dies zu bemerken. Die Einordnung und Bewertung der Vorgänge in den letzten Jahren ist – wieder einmal – nicht einfach; die Einschätzungen erfahren eine gewisse Bandbreite: Von der Position »Scientology ist gefährlicher als je zuvor« bis zur Voraussage des Endes der Organisation scheint alles denkbar. Und das nicht nur in Deutschland. Auch im Stammland der Organisation, den USA, widerfährt den Machenschaften von Scientology nach Jahrzehnten des Stillschweigens eine breitere kritische Diskussion. Wie in keiner Zeit vorher äußern ehemalige, hochrangige Funktionäre von Scientology öffentlich Kritik, im Internet treffen sich Ex-Mitglieder zum Erfahrungsaustausch, und sogar das langjährige mediale Aushängeschild von Scientology, Hollywoodstar Tom Cruise, wird wegen seiner Zugehörigkeit zunehmend kritischer betrachtet, und es gibt sogar das eine oder andere Gerücht, dass selbst er mit der Organisation brechen könnte – für Scientology eine PR-Katastrophe.

Doch lässt sich anhand dieser Entwicklungen tatsächlich das baldige Ende von Scientology ablesen? Immerhin besteht das System um die Machtzentrale in den USA bisher trotz aller Turbulenzen weiter. Wie eh und je wird Kritik von außen als unwahr und als von feindlichen Mächten inszeniert dargestellt und intern auch an diese Behauptungen geglaubt. Dabei spielt es keine Rolle, wer Kritik äußert; die ehemaligen, jetzt kritisch eingestellten Freunde und Ex-Mitglieder gelten als Verräter, als Überläufer zum Feind.

Intern ist also keine Veränderung alter Strukturen feststellbar. Und das obwohl David Miscavige, Nachfolger des Gründers L. Ron Hubbard nach dessen Tod im Jahr 1986, neuerdings für diverse Negativschlagzeilen sorgt. Rufe gegen seinen menschenverachtenden Umgang mit Mitarbeitern und der Außenwelt werden immer häufiger. Läutet also vielleicht Scientologys Kopf selbst das Ende der Organisation ein? Wünschenswert wäre es, einen konkreten Grund zur Entwarnung gibt es bisher jedoch nicht.

Umso erstaunlicher ist es, dass entgegen der öffentlichen höheren Sensibilisierung speziell in Deutschland staatliche und kirchliche Institutionen dazu neigen, die Gefahr durch Scientology weniger ernst zu nehmen als noch vor zehn Jahren. Die Gefahren für Freiheit, Gesundheit und alle demokratischen Grundsätze durch die scientologische Ideologie werden zunehmend verharmlost, und die Diskussion um ein Verbot ist in sehr weite Ferne gerückt.

Ist dies der üblichen politischen Ignoranz geschuldet, die greift, wenn ein Thema keinen Erfolg bei der strategischen Wählerstimmengewinnung verspricht? Oder ist etwa die Lobbyarbeit der Scientology-Organisation in Deutschland aufgegangen? Oder liegt es an mangelndem Mut der deutschen Innenministerien, dem großen Freund USA zu zeigen, welches Vorgehen mit seinem »Kind« eigentlich angemessen wäre?

All diesen Fragen gilt es, in diesem erweiterten Schwarzbuch auf den Grund zu gehen. Hinzu kommen einige naheliegende Mysterien, die in der Ausgabe von 2007 bereits angerissen, aber noch nicht abschließend analysiert wurden.

Zum Beispiel: Was bringt eine Vielzahl Menschen auch nach dem Verlassen der Organisation dazu, immer noch mindestens ein gutes Haar an der Ideologie zu finden? Ist es dabei relevant – und wenn ja: inwiefern –, wer wo und wie lange dabei war? Eines vorweg: Ja, es gibt diese Unterschiede, und um einzuordnen, wer welche Kenntnisse über das System hat und warum einigen der Ausstieg bzw. die Distanzierung vom Gesamtsystem leichter fällt als anderen, ist eine lohnenswerte Fragestellung, wenn man das Ziel verfolgt, dem Hubbard-Spuk, genannt Scientology, endlich ein Ende zu setzen.

Eine der wichtigsten Informationsquellen zur Klärung solcher Fragen sind die Menschen, auf die sich die Medienwelt gerne stürzt: die so genannten Aussteiger.

Aus vielen Diskussionen bei Vorträgen und durch persönliche Gespräche während meiner zwanzigjährigen beruflichen Auseinandersetzung mit Scientology weiß ich, dass diese mutigen Menschen häufig mit ungerechter Behandlung und Unverständnis zu kämpfen haben. Die immer wiederkehrenden Fragen, warum jemand bei Scientology aktiv wird und warum er sich schließlich doch wieder löst, sind nur zu beantworten, wenn man sich mit möglichst vielen dieser Aussteiger unterhält, ihnen zuhört und sich auf ihre Geschichten, ihre Erlebnisse und Wahrnehmungen einlässt.

Voraussetzung dafür, dass diese Menschen sich überhaupt öffnen und Vertrauen aufbauen, ist, ohne Voreingenommenheit auf sie zuzugehen und auch zu akzeptieren, dass sie nicht alles preisgeben wollen oder können. Sie in bestimmte Raster zu pressen, wie es Außenstehende leider in der Regel zu tun pflegen, ist nicht hilfreich. Raster lassen keinen Spielraum für Dialoge und damit auch keinen Spielraum für die Reflektion der eigenen Wahrnehmung.

Zum besseren Verständnis der Schwierigkeiten vieler Aussteiger, auf scheinbar simple Fragen zu antworten, zunächst ein paar grundlegende Erläuterungen zur scientologischen Systematik:

- Einer der meist verbreiteten Irrtümer ist die Annahme, die Aussteiger/in wüssten alles über die Organisation. Das Gegenteil ist der Fall. Das Prinzip Scientology baut darauf auf, dass die Mitglieder, die in der Organisation arbeiten, nur die kleinen Bröckchen erfahren, die sie zur Ausübung ihrer Tätigkeit benötigen. Aus diesem Grund ist es in Beratungssituationen mit Aussteigern elementar, dass jemand zugegen ist, der genau weiß, wie die Organisation funktioniert, und der ggf. Wissens- und Verständnislücken des Aussteigers füllen kann. Nur so kann geholfen werden.
- Scientology wirbt mit den Möglichkeiten jedes Einzelnen, seine persönliche Situation zu verändern. Die meisten werden nach der Anwerbung die Versprechungen so interpretieren, dass es eine positive Entwicklung für sie geben wird. Dieses kann sich auf alle Lebensbereiche beziehen: Job, Partnerschaft, Gesundheit etc. Der Weg bei Scientology hat einen Namen: »Die Brücke zur Freiheit.« Diese Brücke ist lang und teuer. Irgendwann lockt der Titel OT (Operierender Thetan), dazu später mehr. Entgegen der häufigen Annahme kommt es bei der Hierarchie der Organisation nicht darauf an, welcher Grad auf der so genannten »Brücke zur Freiheit« in Scientology erreicht wurde. Zwar genießen jene, die die Stufe »Clear« oder die weiteren Stufen des so genannten Operierenden Thetans (OT) erreicht haben, durchaus einen

gewissen Respekt und auch Anerkennung bei den anderen Mitgliedern bzw. Mitarbeitern. Um Machtpositionen in der Organisation einzunehmen, ist dies jedoch keine Voraussetzung. Bei mehreren Begegnungen mit hauptamtlich in höheren Funktionen tätigen Mitarbeitern in Deutschland konnte ich feststellen, dass sich diese auf der doch angeblich sie so glücklich machenden Brücke zur Freiheit in den Kursen abstrampeln, die Expansion der Organisation vorantreiben wollen und die glückselig machenden Stufen so nur schwer erreichen. Um die angebotenen Stufen zu erklimmen, und das auch noch möglichst schnell, ist nach meiner Erfahrung eines notwendig: Geld. Immer wieder sind mir diese Geschichten begegnet: Ist genügend auf dem Konto, dann kann der Weg zügig beschritten werden. Wird das Geld knapp, zeigt sich nach den mir bekannten Erfahrungsberichten schnell ein anderes Gesicht der Organisation:

- Die Betroffenen können – vor allem kurz nach ihrem Ausstieg – häufig das Ausmaß des Eingriffes in ihr Leben durch die Hubbard-Lehren nicht sofort einschätzen. Die von ihnen als belastend eingestuften Erfahrungen werden fast ausnahmslos zu Beginn der Beratung nicht auf die Lehren und das System zurückgeführt, sondern einzelnen Personen in Scientology zugerechnet. Erst im Lauf der folgenden Jahre wird ihnen bewusst, was im Einzelnen mit ihnen passiert ist und wie isoliert sie gelebt haben. Besonders schmerzlich ist es für die Betroffenen, wenn sie Familienangehörige oder nahestehende Personen im System zurückgelassen haben. Sind sie erst einmal als in das Feindesland der Außenwelt gegangenes Ex-Mitglied in der Organisation klassifiziert, ist in der

Regel jeder Kontakt mit den in der Organisation Verbliebenen ausgeschlossen. Besonders rigoros wird diese Trennungsmaschinerie betrieben, wenn jemand aus der Eliteeinheit, der Sea-Org, die Organisation verlässt. Der Schmerz, den viele erleiden müssen, wenn ihnen klar wird, dass sie wahrscheinlich nie wieder ihre Kinder, Enkelkinder, Geschwister oder Eltern sehen werden, ist kaum in Worte zu fassen. Viel Leid hat diese Organisation schon über Familien weltweit gebracht.

Das vorliegende Buch fußt in wesentlichen Teilen auf dem ursprünglich 2007 erschienenen Bestseller von Ursula Caberta SCHWARZBUCH SCIENTOLOGY, das seit geraumer Zeit nicht mehr lieferbar ist.
Es bietet dem Leser in einigen wichtigen Punkten Aktualisierungen und bringt in puncto Entstehung und Ideologie, Organisation und Finanzierung, Methoden, Ziele und Aktivitäten auf den Punkt, was die nach wie vor enormen Gefahren angeht, die von Scientology ausgehen.

Einleitung

Scientology – ein Begriff, der seit über 60 Jahren weltweit diskutiert wird. Ob in den Medien, Parlamenten, Behörden und Regierungen –, die Auseinandersetzungen waren und sind vielfältig. Über den Gründer L. Ron Hubbard wurde viel geschrieben; sein Leben, die Entwicklung und die Strategien, die zum System Scientology geführt haben, warfen immer wieder Fragen auf, wieso es ausgerechnet ihm gelungen ist, auf allen Kontinenten dieses weltumspannende Netz zu etablieren, das seine brav funktionierenden Mitglieder malträtiert wie ein Überwachungsstaat seine Bürger.

Von Rückschlägen, die es ohne Frage immer wieder gab, erholte sich das System Scientology bisher stets ohne bleibende Schäden. Doch seit einiger Zeit sind die Gerüchte um ein Scheitern des Systems hartnäckiger: Ehemals tragende Kräfte verlassen die Organisation, sind geflohen aus dem so genannten Rehabilitationsprojekt (eine Art internes Umerziehungslager), in das sie DM, wie der neue Boss, David Miscavige, genannt wird, gesteckt hatte.

Ähnliche Vorgänge waren schon in den 1990er-Jahren, nach Miscaviges Machtübernahme zu verzeichnen. Einige hochkarätige Aussteiger haben schon damals Fakten aus dem Machtzentrum der Organisation offengelegt, die ein sofortiges Ende von Scientology hätten einleiten können. Doch die Organisation bestand fort.

Nach wie vor gilt: Nur der genaue Blick in die einzelnen Einheiten von Scientology, in die verschiedenen Aufträge und Funktionen der Abteilungen und der in ihnen wirkenden Mitglieder kann dazu beitragen, das System zu durchschauen. Denn die Organisation versteht es, sich in verschiedenste

Gewänder zu kleiden. Grund zur Entwarnung gibt es bisher nicht. Nach wie vor gilt die Erkenntnis, wer sich mit dem System Scientology befasst, stuft die aktiven Mitglieder und damit das System selbst bei näherer Kenntnis relativ schnell als bedrohlich und kalt ein. Allerdings nur dann, wenn die Werbe- und Verharmlosungsstrategien durchschaut werden. Denn Scientology ist ein in sich geschlossenes System, eine Parallelwelt mit eigenen Gesetzen.

Strategien und Vorgehensweisen

Um die Funktionsweise der Organisation zu begreifen, sind zwei Zitate des Gründers L. Ron Hubbard hilfreich, die unmissverständlich klarmachen, welche Zielsetzung Scientology verfolgt und welche Mittel dabei zum Einsatz kommen: »Die Ethik hat ... ihre eigene Technologie – eine in der Tat überlegene Technologie. Mit der Ethik (der scientolgischen Definition davon, Anm. d. Verf.) könnte man eine ganze Nation säubern ...« und »Der einzige Weg, um Leute zu kontrollieren, ist, sie anzulügen«.[1] Hubbards Intention ist also unzweifelhaft der Gewinn von Macht über andere Menschen zur Durchsetzung seiner eigenen Zwecke.

Ein vertraulicher Richtlinienbrief, der unter David Miscavige neu herausgegeben wurde, unterstreicht diese Aussagen, indem er folgende langfristige Ziele benennt:

- »Ausschaltung des Gegners (alle Nicht-Mitglieder, Anm. d. Verf.)
- Übernahme der Kontrolle oder Gefolgschaft der führenden Vertreter oder Eigentümer aller Nachrichtenmedien
- Übernahme der Kontrolle oder Gefolgschaft der Personen, welche die internationalen Finanzströme steuern und
- Übernahme der Kontrolle oder Gefolgschaft der Personen in politischen Schlüsselfunktionen.«[2]

Wie mit den als Feinden klassifizierten Personen oder Institutionen umzugehen ist, um die Ziele zu erreichen, zeigt

1 Beide Zitate: Landesamt für Verfassungsschutz Hamburg, Bericht 2012, S.189.

2 Landesamt für Verfassungsschutz Baden-Württemberg, Bericht 2009, S 285.

sich in einer in der Zeitschrift IMPACT abgedruckten Rede, in der David Miscavige die »Feinde« mit »Bakterien« vergleicht, die man besser »vernichtet«.[3] Kern allen Bestrebens der Organisation ist folglich die Erschaffung einer rein scientologischen Gesellschaft.

Vor dem Hintergrund dieser Zielvorgaben kann eigentlich niemandem mehr logisch erscheinen, dass sich immer noch Menschen von der Organisation einfangen lassen. Deswegen wird häufig angenommen, dass nur labile oder in einer Krisensituation befindliche Menschen für die Anwerbung durch Scientology empfänglich sind. Diese Erklärung scheint jedoch unzulänglich, wirft sie doch die Frage auf, warum so viele Mitglieder jahre- oder sogar jahrzehntelang an der Organisation festhalten und es nur einer Minderheit gelingt, sich von irgendwann wieder von ihr zu lösen.

Grundlage für die Erkenntnis der persönlichen und gesellschaftlichen Gefahr durch Scientology muss daher sein: Scientology kann jeden treffen! Es kommt darauf an, wann und wie man mit der Organisation in Kontakt kommt, und – nicht unbedeutend – durch wen.

Die nach außen sichtbarste Variante ist das Auftreten in Form von Missionen oder Kirchen. Interessant ist, dass innerhalb der Organisation diese Einheiten – also die Kirchen – als »Orgs«, der Abkürzung für »Organisation«, bezeichnet werden. An den Gebäuden steht allerdings der Kirchenbegriff in großen Lettern.

Die Einheiten haben einen klar umschriebenen Auftrag: das »Raw Meat« von der Straße zu holen. »Raw Meat« – rohes Fleisch, so werden intern diejenigen bezeichnet, die angeworben werden sollen. Auf der Straße, im Kollegenkreis, in der Familie, in Vereinen oder anderen Institutionen.

3 Ebd.

Insbesondere für die Straßenwerbung sind die »Orgs« oder Missionen zuständig. Durch direkte Ansprache sollen Passanten in die Gebäude gelockt werden. »Jegliche Idee, dass eine Org aus irgendeinem anderen Grund existiert als dem, Materialien und Dienstleistungen an die Öffentlichkeit zu verkaufen und zu liefern, muss verworfen werden«, so eine der verbindlichen Anweisungen des Gründers L. Ron Hubbard an diese Abteilungen der Organisation.[4]

Die Art der Präsentation im öffentlichen Raum ist zwar unterschiedlich, der Sinn und Zweck aber immer gleich: neugierig machen auf eine Idee, auf sich selbst oder auf die Möglichkeit der Lösung gesellschaftlicher Probleme. Alle, die sich darauf einlassen, berichten von den gleichen Erfahrungen: Es bleibt nicht bei einem Gespräch. Um mehr zu erfahren, ist ein weiteres Einlassen notwendig. Das kann das Ansehen eines Filmes im Gebäude sein, die Demonstration von Techniken zur Bewältigung von Problemen oder meistens, bei besonders eiligen Menschen, die Übergabe oder der Verkauf einer kleinen Broschüre. Nicht selten wird dies mit der Einladung zu einem »zwanglosen« Brunch in den Gebäuden der Organisation verbunden.

Bei den »Besuchen« in den Gebäuden kommt dann häufig sozusagen einer der Klassiker der Anwerbung zum Einsatz: der Persönlichkeitstest. Bekannt geworden als Werbemethode für die Organisation ist dieser Test vor allem durch geschaltete Anzeigen in Zeitungen und Zeitschriften. »Wir nutzen nur 10% unseres geistigen Potenzials«, verkündeten die Annoncen, darüber ein Bild von Einstein. In den letzten Jahren sind diese Anzeigen eher selten geworden, den Test aber gibt es natürlich noch, und er wird weiter angewandt.

---

4 Freie und Hansestadt Hamburg (Hrsg.): Mitteilung des Senates an die Bürgerschaft der Freien und Hansestadt Hamburg. Drucksache 15/4059, 26.9.1995.

Die Überschrift ist schon, vorsichtig ausgedrückt, eine Ungenauigkeit: Oxford Capacity Analyse. Die meisten Menschen stellen dank dieser Überschrift wahrscheinlich sofort eine gedankliche Verknüpfung mit der renommierten Universität in Oxford her – und das ist auch gewollt! So soll ein vermeintlich wissenschaftlicher Hintergrund und folglich Seriosität vermittelt werden. Tatsächlich ist es aber nichts anderes als ein Werbemittel. Die Auswertung des Tests erfolgt zumeist mündlich, kurz und knapp, und endet in der Regel mit der Feststellung, dass die getestete Person mindestens ein belastendes Problem hat. Für dieses gibt es – so die vermittelte Botschaft – nur eine Lösung: das Kursystem. Und da man sich – wie praktisch – schon im Gebäude befindet, in dem dieses Wunder vollbracht werden kann, lässt der ein oder andere sich auf die angebotene Hilfe ein.

Hängt das »rohe Fleisch« erst einmal derart »sozusagen« am Fleischerhaken, bedarf es schon einer gehörigen Portion Klarheit und Konsequenz, um die nun folgenden weiteren Umwerbungsmethoden abzuwehren. Nicht selten werden bereits bei der ersten Kontaktaufnahme dieser Art Kurse gebucht und auch gleich im Voraus bezahlt. Dabei mag es dann auch schon mal vorkommen, dass der scientologische Mitarbeiter den Neuzugang zum Geldautomaten begleitet – wahrscheinlich um zu verhindern, dass dieser sich auf dem Weg dorthin das Ganze noch einmal überlegt und womöglich wieder abspringt. Spätestens ab diesem Moment hängt man fest. Schließlich möchte man für sein Geld ja auch etwas bekommen, und wahrscheinlich klingt die Aussicht auf die angebotene so genannte »Brücke zur völligen Freiheit« für viele sehr verführerisch. Endlich im Beruf Karriere zu machen, Eheprobleme zu lösen oder auch gesundheitliche Einschränkungen beheben zu können, sind äußerst reizvolle Versprechungen.

Immerhin ist in den bei der Straßenwerbung verteilten Broschüren vermerkt, dass es sich um eine Veröffentlichung der Scientology Organisation handelt. Nicht gleich zu erkennen sind jedoch die Vereinigungen I HELP oder *The Way to Happiness.*

I HELP kommt mit den so genannten »Ehrenamtlichen Geistlichen« daher. Bei den in die Außenwelt gerichteten Veröffentlichungen nennt sich diese Vereinigung *Hubbard Internationale Kirchenvereinigung von Pastoren.* In der Organisation sind diese »Geistlichen« die »Auditoren«, also diejenigen, die neben der Beschreitung der Brücke für die persönliche geistige Befreiung eine Ausbildung zur Anwendung und Verbreitung der scientologischen Techniken genossen haben.

Wenn möglich, kündigen große gelbe Zelte die Werbeaktionen von I HELP an. Von der internationalen Ebene aus Los Angeles werden diese Werbekampagnen geplant und gesteuert. I HELP betreut die so bezeichneten »Feldauditoren«, also Personen, die nicht zwingend Mitarbeiter der örtlichen Missionen oder Orgs sind, sondern auch aus den verschiedenen Einflussbereichen des Scientology-Netzwerkes stammen. Als Feldmitarbeiter wird man natürlich in der Anwerbung neuer Mitglieder geschult. In der Veröffentlichung der Organisation mit dem Titel *Was ist Scientology* wird diese Mobilmachung so umschrieben:

> Die kontinentalen Büros von I HELP ... halten lokale Veranstaltungen, Tagungen und Seminare ab, bei denen Mitglieder von I HELP spezielle Workshops zur Verbesserung ihrer Fähigkeiten besuchen können. I HELP gibt jedem, der außerhalb der Kirchen und Missionen Dianetik und Scientology praktiziert, Rat und Beistand, damit er in seiner Gemeinde wirksam und erfolgreich sein kann.

»Wirksam« und »erfolgreich« sind hier wohl die Schlüsselwörter, die den Auftrag der Feldauditoren klar formulieren: Was zählt, ist die Expansion der Scientology-Organisation.

Auf den Straßen werden auch andere Institutionen der Organisation beworben. Zumeist im Zusammenhang mit Anti-Drogen-Kampagnen wird ein scientologisches Drogenrehabilitationsprogramm angepriesen: NARCONON. Die Organisation rühmt sich mit seiner auf internationaler Ebene berühmten Sprecherin, der US-amerikanischen Filmschauspielerin Kirstie Alley. Prominente im Einsatz für eine gute Sache – Kirstie Alley ist bekennendes Mitglied der Organisation und erfüllt mit der Sprecherrolle ihre Aufgabe. Das sollte man wissen, bevor man ihr Engagement gegen Drogen würdigt.

Das NARCONON-Programm für Süchtige unterscheidet sich in keinem wesentlichen Aspekt von dem »Weg zur völligen Freiheit« in einer Scientology-»Kirche«. Ebenso wie beim auf der Straße angeworbenen »raw meat« kommen auf den im Haus von NARCONON lebenden suchtkranken Menschen ein Kommunikationstraining, der Kurs zur persönlichen Integrität und Ethik, der Kurs über das Auf und Ab im Leben sowie der von der Scientology so genannte Moralkode »Der Weg zum Glücklichsein« zu. Selbstverständlich steht im Mittelpunkt ein Reinigungsprogramm, das genauso aber auch in der »Kirche« durchgeführt wird: Laufen, hohe Dosen von Vitaminen und Sauna, Sauna, Sauna. Scientology statt Heroin, das ist das Drogenrehabilitationsprogramm.

In der Kritik steht NARCONON in den unterschiedlichsten Ländern immer wieder. Schon 1978 fasste der damalige Drogenbeauftragte des Landes Berlin in einer Publikation zu NARCONON Folgendes zusammen:

> In erster Linie müssen Bedenken gegen die beim Narconon e.V. angewandten Methoden erhoben werden. Durch die Anwendung des »Hubbard-Elektrometers« kann einerseits die bei Drogenabhängigen ohnehin vorhandene Tendenz zur Flucht in eine unrealistische Vorstellungs- und

Erlebniswelt gefördert werden, andererseits eine massive Abhängigkeit der Drogenabhängigen von der Einrichtung auf Dauer entstehen. Durch das Kurssystem wird eine Ausblendung von Emotionen ohne wirkliche Aufarbeitung der dahinterliegenden Konflikte erreicht, zugleich besteht die Gefahr einer irrationalen Anpassung an die hausinterne Hierarchie sowie eines ebenso irrationalen Überlegenheitsgefühls gegenüber den Menschen außerhalb des Narconon e.V. Das systematische Training einer Binnensprache verstärkt die Abhängigkeit von der Gruppe erheblich und behindert eine gesellschaftliche Reintegration.[5]

Auch im Stammland, den USA, nimmt die Skepsis um NARCONON zu. Bleibt zu hoffen, dass hierdurch in Zukunft das Rühren der Werbetrommel für das angebliche Anti-Drogen-Programm zumindest erschwert wird.

Werbewirksamkeit wird bei Scientology groß geschrieben, und dabei scheint kein Versprechen zu utoptisch. So schreibt sich der scientologische Arm CRIMINON die Schaffung einer Welt ohne Kriminalität auf die Fahnen. Parallelen zu NARCONON fallen schnell ins Auge und sind kein Zufall: Laut eigenen Bekundungen von Scientology hat sich dieses so genannte Rehabilitationsprogramm für Strafgefangene aus dem Angebot von NARCONON heraus entwickelt. Auch bei CRIMINON ist eine zentrale Zielsetzung der Kampf gegen Drogen, denn Drogen – im scientologischen Sinne also Medikamente aller Art – befördern die Kriminalität. Bekämpft man Drogen, verringert sich die Kriminalität. So schlicht kann der Blick auf die Welt sein. Definitionskonform lehnt der CRIMONON-Ansatz jegliche Behandlung mit Psychopharmaka ab – ein Grundsatz, der auch in der scientologischen Kernideologie verankert ist.

Bei der Beschreibung der scientologischen Hilfsangebote im CRIMINON-Programm taucht natürlich dieselbe Palette vom Kommunikationskurs bis zur Verbesserung des

5 Ebd..

Lebens auf. Ergänzt wird es durch einen Kurs, der vermitteln soll, wie man mit »Unterdrückung« umgeht. Und dies hat in der Scientology eine nicht zu unterschätzende Bedeutung. Den so genannten PTS-SP-Kurs (PTS=Potential-Trouble/Problempotenzial, SP = Suppressive Person/Potenzielle Schwierigkeitsquelle, unterdrückerische Person) absolviert jeder Mensch, der sich in der Organisation bewegt, meist relativ früh. Das dort Erlernte und Verinnerlichte vermittelt die Basis für das Erkennen von Gegnern und Feinden. Dem Einzelnen wird vermittelt, er müsse für sich erkennen, wer ihn eventuell daran hindert, seinen »Weg zur persönlichen Freiheit« in Scientology zügig voranzugehen. Darüber hinaus wird propagiert, dass jeder, der sich kritisch mit Scientology oder dem Wirken von Scientologen auseinandersetzt, unterdrückerisch tätig ist. Laut Kursmaterial gehören zu unterdrückerischem Verhalten zum Beispiel Äußerungen und Zeugnisse gegen Scientology vor staatlichen oder öffentlichen Untersuchungsausschüssen ebenso wie die Bekleidung eines Amtes im Dienst einer Anti-Scientology-Gruppe. Und natürlich:

Es ist ein Schwerverbrechen, sich öffentlich von Scientology abzukehren.[6]

Entsprechend drohen jedem, der auf diese Weise gegen scientologische Normen verstößt, Strafen, deren Vollzug Hubbard in seinem Handbuch des Rechts legitimiert:

Niemand unter uns richtet oder bestraft gerne. Trotzdem sind wir vielleicht die einzigen Leute auf der Erde mit einem Recht zu bestrafen.

Angesichts dieser verbalisierten Inanspruchnahme von Selbstjustiz kann es nur als höchst gefährlich bewertet werden, wenn Scientology in irgendeiner Form einen Beitrag

6 L. Ron Hubbard: PTS/SP-Kurs. Kopenhagen, 1989, S. 173ff.

zur Rehabilitation von Gefängnisinsassen leistet. Für die nichtscientologische Welt klingt CRIMINON allerdings tatsächlich zunächst nach Engagement im Strafvollzug, und damit ist die nächste der Propaganda dienliche Nebelkerze in der Welt gezündet.

Eines der Ziele von Organisationen wie NARCONON und CRIMINON ist die »Demaskierung der Psychiatrie«. So sehen sich alle auf dem Psychiatriesektor tätigen Menschen den verbalen Angriffen dieser Teile von Scientology ausgesetzt, und genauso werden die zugelassenen Medikamente verschrien. Unter dem Stichwort »Psychiatrische Drogen« werden die Hersteller von Psychopharmaka quasi als Drogenhändler diffamiert. Bei der Hetze gegen die angeblichen psychiatrischen »Verbrechen« wird tief in die demagogische Kiste gegriffen. Die Psychiatrie und ihre Gefolgsleute werden fleißig für das Böse in der Welt verantwortlich gemacht.

Die Erklärung für diesen massiven Kampf gegen Psychiatrie und allem, was damit zu tun hat, liegt – wie kann es anders sein – in der von Hubbard entwickelten Ideologie. Danach sind alle Menschen, die sich gegen Scientology stellen, psychisch krank. So schreibt der Gründer auch in einem der Standardwerke – Die Ethik der Scientology –, nach seinen »Forschungen« könnten fast alle Menschen zu Scientology gebracht werden; der restliche Anteil sei psychisch so krank, dass er unter Quarantäne zu stellen und nach der Durchsetzung scientologischer Gesellschaftsformen in Lager zu bringen sei.

Nicht nur die Werbung im öffentlichen Raum dient dem Expansionsdrang. Ob über den Einfluss im Wirtschaftsleben, durch Prominente oder Lobbyisten oder auch über die vermeintlichen Bildungsangebote der Organisation:

Die Expansionsstrategie lässt kaum einen Bereich der Gesellschaft aus. Gibt es bei den Anwerbungen auf der Straße zumindest noch eine Chance, relativ schnell zu erkennen, wer sich da um einen bemüht, wird es bei den anderen Angeboten schon schwieriger. Dies gilt in besonderem Maß im Hinblick auf die Aktivitäten in der Wirtschaft. Hier ist das World Institute of Scientology Enterprises (WISE) für die Einflussnahme der Organisation zuständig. Seine Aufgabe: »Die administrative Technologie L. Ron Hubbards in jedem Unternehmen der Welt voll zum Einsatz zu bringen.«[7]

Für einen geschulten Scientologen, der in der scientologischen Welt lebt und nach ihren Lehren denkt, stellt der innerhalb von WISE anzuwendende Verhaltenskodex selbstverständlich kein Problem dar. Die WISE Directory aus dem Jahr 1997 ist im Ganzen so interpretierbar, dass jedes WISE-Mitglied, egal mit welchem Status ausgestattet, immer und überall einzig und allein nach der Hubbard'schen Verwaltungs-, Ethik- und Rechtstechnologie zu handeln hat. Im englischen Original liest sich das unter Punkt 3 folgendermaßen: »I promise to always acknowledge L. Ron Hubbard as the source of the administrative, ethics and justice technologies and to ensure others do as well.« Mit einer derart unmissverständlichen, im Wirtschaftsleben beispiellosen Unterwerfungserklärung unter eine Ideologie verabschiedet sich das WISE-Mitglied von den außerhalb der Scientology-Welt geltenden Regeln. Doch trotz dieser Abspaltung vom üblichen System gelingt es den Mitgliedern von WISE bis heute, ihre Lehre (und deren Vertreter) in Unternehmen zu platzieren.

Angeknüpft wird hierbei zumeist an den so genannten Ruin-Punkt eines Menschen bzw. Unternehmens. Diesen zu

7 WISE-Richtlinie Nr. 1/1986, zitiert bei Tom Voltz: Scientology und (k)ein Ende, Düsseldorf 1996, S. 116f.

finden ist die Einstiegsstufe, die Vorbereitung, um anschließend die Neugierde auf das so wundersam hilfreiche Kursangebot zu wecken. Anschließend wird die Neugierde auf die so wundersam hilfreichen Kurse gelenkt, und schon ist die Scientology-Maschinerie in vollem Gange.

Das alarmierende Resultat lässt sich exemplarisch am folgenden dokumentierten Arbeitsgerichtsprozess ablesen:

»Missbrauch der Vertrauensstellung, Kollegen, die Rat suchten, wurden nach Frankfurt/Main ins Dianetik-Center geschickt, um dort ihre Nöte durch scientologische Maßnahmen zu lindern. … Störung des Betriebsfriedens durch aktive Werbung für Scientology am Arbeitsplatz, Weitergabe von Adressen ohne Wissen der Beteiligten und der Missbrauch betriebseigener Mittel …«[8]

Das Rheinland-Pfälzische Ministerium für Kultur stellte außerdem fest: »Der bei Scientology systemimmanente hohe Geldbedarf kann unter Umständen zu strafrechtlich relevantem Verhalten führen. Realitätsfremde und damit firmennachteilige Entscheidungen sind denkbar. Ein weiterer Aspekt ist die mögliche Erpressbarkeit von Mitarbeitern, z.B. in Bezug auf Firmenloyalität, Adressenweitergabe bzw. Weitergabe von firmeninternen Daten.«[9]

L. Ron Hubbard: seine Ideen – sein Vermächtnis

Alle Lehren, Denk- und Handlungsvorlagen von Scientology gehen auf den Gründer der Organisation zurück: auf Lafayette Ron Hubbard. Die scientologischen Geschichtsschreiber verklären ihn als Gelehrten, Forscher, Arzt, Bestsellerautor, eine Art omnipotenten Wissen-

8 Angelika Christ/Steven Goldner: Scientology im Management, 1996, S. 151.

9 Ministerium für Kultur, Jugend, Familie und Frauen, Rheinland-Pfalz: Scientology in der Wirtschaft, Mainz, 1995, S. 14.

schaftler. Vom Religionsführer ist dagegen in den euphorischen Schriften eher wenig zu lesen. Und doch sind alle davon überzeugt, dass er die Probleme der Menschheit erkannt und mit seiner Ethik einen Ansatz entwickelt hat, mit dem er die Menschheit, die Erde und das Universum vor Verfall und Verderbtheit – kurz: vor dem Untergang – retten kann. Einzige Bedingung dafür ist strikter Gehorsam. Eine Einbahnstraße zur Unsterblichkeit. Doch wem gegenüber eigentlich genau? Wer war L. Ron Hubbard und wie schaffte er es, sein scientologisches System zu etablieren?

Lafayette Ron Hubbard wurde am 13. März 1911 in Tilden, Nebraska/USA, geboren und starb am 14. Januar 1986 in Creston, Kalifornien/USA. Über die Todesursache gibt es diverse Gerüchte und Spekulationen – von Schlaganfall bis Mord. Die Spekulationen mögen vor allem daran liegen, dass seine Familie nach Hubbards Tod sehr schnell die Einäscherung der Leiche veranlasste. Weitere zum Teil bis heute bestehende Verunsicherungen mögen darin wurzeln, dass zur Klärung der Todesursache eine Autopsie durchgeführt werden sollte, aber die Rechtsanwälte der Familie Hubbard dies verhinderten, indem sie ein Dokument vorlegten, das Hubbards Ablehnung jeglicher Art von anatomischen Sektionen aus religiösen Gründen bezeugte. Immerhin ist wohl gesichert festgestellt worden, dass es sich bei der eingeäscherten Leiche wirklich um den Leichnam von L. Ron Hubbard handelte. Der Zeitpunkt seines Todes sowie die Todesursache werden jedoch immer noch hin und wieder in Frage gestellt. Viel mehr Diskussionsstoff liefert allerdings Hubbards Lebenswerk ...

Ein genaues Datum zu bestimmen, wann Hubbard Scientology gegründet hat, ist schwierig. Anlehnen kann man sich an das Jahr 1950, in dem das Buch Dianetik auf dem US-amerikanischen Buchmarkt erschien. In der Scientology genießt dieses Werk als »Buch Eins« uneingeschränkte Akzeptanz. Seine Fundamentalität für Scientology unterstreicht Hubbard, indem er eine neue Zeitrechnung einführt, die mit dem Erscheinungsjahr des Buches, also »after Dianetik« = a.D., beginnt. Der 10. Januar a.D. steht also übersetzt aus der scientologischen Zeitrechnung für den 10.01.1950.

Für das Jahr 1950 als Geburtsjahr der Organisation spricht auch, dass Hubbard ab diesem Jahr als Gründer und Präsident einer Hubbard-Dianetikforschungsstiftung (Hubbard Dianetics Research Foundation – HDRF) auftrat. Diese Stiftung wurde im April 1950 in New Jersey eingetragen.

Schon in diesem ersten Aktionsjahr sorgt Scientology für Skepsis: Am 05. Dezember 1950 erscheint in einer Zeitschrift namens *Look* ein Artikel mit der Überschrift *Dianetik – Wissenschaft oder Schwindel?* In diesem Artikel wird L. Ron Hubbard als Schriftsteller mit pseudowissenschaftlicher, verschwommener Ausdrucksweise dargestellt. Hubbards Behauptung, seine Schaffung der Dianetik sei ein Meilenstein für den Menschen und vergleichbar mit der Entdeckung des Feuers, kritisiert der Schreiber des Artikels scharf. Ebenso Hubbards vermessenen Vergleich seiner Erkenntnisse mit der Erfindung des Rades und des Bogens. Schon in diesem frühen Artikel wird beschrieben, dass »eine Vielzahl von Psychiatern, Biochemikern, Psychologen, Ärzten und ganz normalen Wissenschaftlern … die verblüffenden Behauptungen und den wachsenden finanziellen Erfolg dieses seltsamen neuen Phänomens mit Furcht und Angst betrachten«. Den Grund für Hubbards Anziehung vermutet der Autor des Artikels darin, dass seine Ersatzpsychiatrie jedem zur Verfügung steht, ohne dass man sich in ärztliche Behandlung begeben muss.

Nicht nur die Gründungsphase der Dianetik wird durch kritische Presse begleitet. 1951 wird in New Jersey gegen die Hubbard Stiftung HDRF von einem Vertrauensarztausschuss ein Verfahren angestoßen, weil die Organisation ohne Lizenz eine Schule betreibt und einen Teilbereich der Medizin lehrt. Der Ausgang dieser Untersuchung wurde jedoch scheinbar nicht nachvollziehbar dokumentiert.

Die HDRF errichtet 1951 ihren Hauptsitz in Wichita, Kansas, und übernimmt eine Art Schirmherrschaft über die *Allied Scientists of the World* (Vereinigte Wissenschaftler der Welt). Der Zweck dieser Organisation wird folgendermaßen erklärt:

> Der Bau und die Einrichtung einer Bibliothek ... in einem atomsicheren Gebiet, in der Kultur und Technik der Vereinigten Staaten in einem für die Wissenschaft nutzbaren Zustand eingelagert und im Falle eines Angriffes gerettet werden soll.

Im Jahr 1951, wenige Jahre nach dem Zweiten Weltkrieg und dem Abwurf der ersten Atombombe in Japan eine nicht ungeschickte Herangehensweise für Propagandazwecke. Zu dieser Zeit war die Angst vor der Atombombe allgegenwärtig, und so fand sich der ein oder andere Befürworter der Idee, denn welcher Amerikaner möchte nicht die Errungenschaften der Vereinigten Staaten atomsicher aufbewahrt wissen?

Hubbard war inzwischen schon so bekannt, dass auch sein Privatleben zunehmend interessant für die Medien wurde. So berichtet die *Times Herald* in Washington D.C. am 24. April 1951 über das Scheidungsverfahren des Ehepaares Hubbard: Die Ehefrau habe in dieses Verfahren eingebracht, dass qualifizierte ärztliche Berater empfohlen hätten, ihren Ehemann L. Ron Hubbard zur psychiatrischen Beobachtung und Behandlung einer Geisteskrankheit mit der Bezeichnung »paranoide Schizophrenie« in ein privates Sanatorium einzuweisen. Frau Sara Hubbard gab an, er sei »hoffnungslos geisteskrank«. Die Begründung dieser Aussage mag an den weiteren Details der Schilderungen liegen, denn sie gab an, von ihrem Ehemann systematisch gefoltert, geschlagen und stranguliert worden zu sein. Außerdem habe er mit ihr experimentiert.

Reine Schlammschlacht während eines Scheidungsverfahrens? Wie auch immer. Nachdem eine Scheidungsvereinbarung geschlossen ist, geht die Sache reibungslos über die Bühne. Sara erhielt monatliche Zahlungen und das Sorgerecht für den gemeinsamen Sohn, hatte aber während des Verfahrens ihre Vorwürfe gegen den Ehemann zurückgenommen.

Fraglich ist, ob die Einlassungen der Ehefrau völlig unbegründet waren, existiert doch Korrespondenz zwischen L. Ron Hubbard und der Veteranenverwaltung in Los Angeles. Diese Behörde war zuständig für die Fürsorge von Kriegsteilnehmern nach dem Zweiten Weltkrieg. In einem Brief vom 15. Oktober 1947 an eben diese Behörde, der von Scientology Deutschland als Fälschung bezeichnet wird, schreibt der ehemalige Leutnant Hubbard:

> … Dies ist ein Antrag auf Behandlung … Nachdem ich zwei Jahre lang vergeblich versucht habe, mein Gleichgewicht im Zivilleben wiederzuerlangen, bin ich völlig unfähig, für mich persönlich ein Auskommen zu erzielen. Mein letzter Arzt informierte mich, dass es hilfreich sein könnte, wenn ich mich untersuchen ließe und vielleicht psychiatrisch oder sogar durch einen Psychoanalytiker behandelt würde. Gegen Ende meiner Dienstzeit umging ich aus Stolz jegliche Überprüfung meines Geisteszustandes. Dies geschah in der Hoffnung, dass die Zeit meinen Geist ins Gleichgewicht zurückführen würde, von dem ich klare Anzeichen hatte, dass er ernsthaft beeinträchtigt

war. Ich kann mir die langen Perioden der Verdrießlichkeit und Neigungen zum Selbstmord nicht erklären und mich auch nicht darüber erheben.

Die weitere Entwicklung der Organisationsgründungen wird etwas unübersichtlich. Einigermaßen gesichert scheint zu sein, dass Hubbard 1952 die *Hubbard Association of Scientologists,* sozusagen den Hubbard Scientologenverband in Arizona/USA, gründete und in der Folge in New Jersey ein weiteres Büro eröffnete. In dieser Zeit soll auch der Sprung über den großen Teich nach Europa gelungen sein. So soll in London damals bereits der Hubbard'sche Scientologenverband präsent gewesen sein.

Das Netz des Hubbard-Imperiums beginnt, sich zu verbreiten. Auch Aktivitäten und Darstellungen für die Öffentlichkeit steigern sich. Festzuhalten ist, dass in der Gründungszeit stets von Wissenschaft und Therapie die Rede ist – keine Spur hingegen von Religion oder Kirchengründung. Über die formelle Gründung seiner ersten Scientology-Church gibt es die widersprüchlichsten Angaben. Die Organisation selbst gibt für die Gründung der »Church of Scientology of California« das Jahr 1954 an.

Doch ob diese Angabe nun stimmt oder nicht, ist eigentlich unbedeutend. Das »Warum Kirche?« ist schon interessanter. Es erschließt sich allerdings nicht durch die offizielle Darstellung der Organisation. Dafür muss man sich in die Niederungen der Hubbard'schen Anweisungen begeben. Die sich bereits 1951 andeutenden Probleme mit der US-amerikanischen Gesundheitsbehörde setzen sich fort. So wurde noch im Jahr 1963 von der US-amerikanischen Nahrungs- und Medikamentenbehörde, der *Food and Drugs Administration,* eine Razzia in der Scientology-Akademie in Washington D.C. durchgeführt. Dabei wurden Geräte beschlagnahmt, die die Akademie bei der Ausübung von scientologischen Heilpraktiken eingesetzt hatte. Diese Geräte mit der Bezeichnung »Hubbard-Elektrometer« seien in Anzeigen fälschlicherweise als wirksam bei der Behandlung verschiedener Krankheiten bezeichnet worden.

Die Reaktion von staatlichen Institutionen ist nicht verwunderlich, wenn man sich zum Beispiel folgende Publikation zu Gemüte führt: Im Mai 1960 nimmt eine Zeitschrift mit Namen *Reality,* also »Wirklichkeit«, für sich in Anspruch, die offizielle Publikation von Dianetik und Scientology in Kalifornien und dem Westen der USA zu sein. Auf Seite 3 werden die Ansprüche der Organisation erläutert:

> In den Händen der Intelligenz hat Scientology durch Änderung der menschlichen Energie alle Wunderheilungen früherer Zeiten wiederholt. Es ist jedoch mehr als eine Wissenschaft vom Heilen. Durch Scientology und nur durch Scientology könnte die Qualität derer bestimmt werden, die die Menschheit regieren. Durch Scientology kann ein Mensch seine Mitmenschen erkennen und ihr Handeln vorhersagen. Er kann heilen und die Zukunft seiner Kinder sicherstellen. Er kann das Morgen beurteilen und lernen, im Heute zu herrschen. ... In einigen Stunden kann Scientology die Lahmen gehend und die Blinden sehend machen.

1963 – zur Zeit der Durchsuchung – existierten bereits Direktiven innerhalb der Organisation, die die US-amerikanische Gesundheitsbehörde zum Feind erklärten. Aus den 50er- und 60er-Jahren stammen auch die Formulierungen, die entlarven, warum Hubbard plötzlich vom angeblichen Wissenschaftler und Heiler zum Religionsstifter mutierte: In der Serie der Anweisungen mit der Überschrift *Attacken gegen Scientology* wird den Anhängern verdeutlicht, welche Maßnahmen zu ergreifen sind, um Kritik (also die »Attacken«) abzuwehren. Die Empfehlungen der zu ergreifenden Maßnahmen sind in Schritte unterteilt. Dazu gehört,

Öffentlichkeit oder politische Institutionen über die immer als Diskriminierung der Organisation bezeichnete Kritik zu informieren, um die »Attacken« zu stoppen. Sofern die vorhergehenden Maßnahmen nicht zum erwünschten Erfolg geführt haben, soll man die Organisation schließlich als Kirche oder Religion bezeichnen. Denn, so Hubbard, Religionsgemeinschaften würden vom Staat nicht angegriffen. Schließlich werde der Begriff »Kirche« im Allgemeinen mit positiven Attributen in Verbindung gebracht.

Dieser nicht zu unterschätzende Ansatz erwies sich bald nicht nur in den USA als wirksame Maßnahme. Daher hat sich die Argumentationslinie gegen staatliche Eingriffe seit jeher kaum verändert und die öffentliche Stellungnahme der Scientology-Organisation zur Durchsuchung und Beschlagnahmung durch die Nahrungs- und Medikamentenbehörde vom 5. Januar 1963 könnte gleichermaßen auch aus heutiger Zeit stammen:

> Die Beschlagnahme von Vermögensgegenständen und Unterlagen unserer religiösen Organisation, der Scientology-Gründerkirche, auf Betreiben der Nahrungsmittel- und Medikamentenbehörde des US-Ministeriums für Gesundheit, Erziehung und Soziales stellt ein schockierendes Beispiel für eine Regierungsbürokratie dar, die verrückt spielt. Sie stellt einen direkten und erschreckenden Angriff auf die verfassungsmäßigen Rechte der Religionsfreiheit, Pressefreiheit und Redefreiheit dar.

Der Beginn von Scientology war offensichtlich ein durchaus holperiges Unterfangen. Umso erstaunlicher ist es, dass sich die Organisation so wenig weiterentwickelt hat – und dennoch weiterexistiert. Zu verdanken hat sie dies ihren Mitgliedern, die

1. unentwegt Menschen ansprechen, sie scientologisch ausbilden und ihnen den Weg zurück in die reale Welt so schwer wie möglich machen.

2. sich an dem Grundsatz »Macht Geld, macht mehr Geld« orientieren, denn: Ohne Geld keine Macht. (Nebenbei: Dies ist eines der bekanntesten Hubbard-Zitate ...)

3. emsig ihr Netz vor negativen Einflüssen von innen und außen schützen – auch durch bewusste Falschinformation. (Nicht ohne Grund wird wohl die scientologische Geheimdienstabteilung OSA nach außen als Presse- und Rechtsamt deklariert. Vom ehemaligen FBI-Chef von Los Angeles kann man wohl davon ausgehen, dass er weiß, wovon er spricht, als er 1994 anmerkt, »dass die Sekte eines der ausgefeiltesten Spionagenetze hat, die man sich ausmalen kann.«)

Gepolte Menschen, Geld und Propaganda sind das eiskalte Gemisch des Hubbard'schen Imperiums mit Namen Scientology. Es stellt sich schon lange nicht mehr die Frage, ob wirklich alles Hubbards Hirn entsprungen ist oder ob andere an der Entwicklung mitgestrickt haben. Mit an Sicherheit grenzender Wahrscheinlichkeit hat Hubbard Ideen und ideologische Ansätze von anderen übernommen, und mit denen konnte er den einen oder anderen neugierig auf seine eigenen Ideen machen.

David Miscavige – der »neue« Boss und seine Methoden

Zwei dieser Menschen, die sich schon in den Anfangsjahren für Hubbards Ideologie gewinnen ließen, waren Ron und Loretta Miscavige. Zwar gibt es Gerüchte, sie hätten sich mittlerweile wieder von Scientology gelöst. Doch eine folgenreiche Entscheidung war ihr Eintritt trotzdem für die Organisation, denn es ist einer ihrer Söhne, der mittlerweile an der Spitze Scientologys steht: David Miscavige, geboren am 30.04.1960.

Er ist der absolute Herrscher über die Scientologen weltweit. Hubbard hat ihm ein funktionierendes System überlassen. Oder vielleicht doch nicht ihm? Ehemalige Anhänger berichteten, dass eigentlich das Ehepaar Pat und Anne Broker zur Nachfolge von Hubbard bestimmt wurden. Nachweisbar war dies jedoch bisher nicht. Dazu ist der Informationsfluss aus der Organisation heraus zu gut abgeschirmt. Fakt ist, Miscavige steht nun an der Spitze und ist daher eine eingehende Betrachtung wert.

1990 wurde Miscavige im Rahmen eines Verfahrens gegen die Church of Scientology International als Zeuge vernommen. Doch wer gehofft hat, durch seine Aussage tiefere Einblicke in Scientology und seine Wahl zur Nachfolge des »Kirchen«-Oberhaupts zu erlangen, wurde enttäuscht. Er erklärte lediglich, dass er sich mit Pat Broker in dem entsprechenden Zeitraum getroffen und (worüber auch immer) ausgetauscht habe. Bei näheren Nachfragen der gegnerischen Rechtsanwälte gibt er jedoch immer denselben Satz zu Protokoll: »I don't recall« – ich erinnere mich nicht.[10]

Immerhin erfährt man zumindest ein paar Details über den Werdegang des Kindes Miscavige. So berichtet Miscavige bei der Vernehmung zunächst von seiner »Schulzeit« ab 1972 im scientologischen europäischen Mekka, in der Nähe von London. 1976, mit 16 Jahren, wurde er dann in der von Hubbard gegründeten Landbasis seiner ursprünglich auf Schiffen gegründeten Seeorganisation *Sea-Org* (dazu später mehr) in Clearwater/Florida in die Commodore Messengers Org (CMO) aufgenommen. Eine außerscientologische Ausbildung hat er nie absolviert.

Miscavige ist das klassische Beispiel für ein Kind, das im Hubbard-System und nur dort sozialisiert wurde und,

10 Vgl. www.davidmiscavige.wiki.Scientology.org.

von den Lehren des Gründers geprägt, sein Leben gestaltet hat. Da er zur ersten Kindergeneration Scientologys gehört und ein Leben außerhalb der Organisation im Grunde nie gekannt hat, hat er die zum Teil menschenverachtenden Umgangsformen gegenüber Abtrünnigen bzw. nicht richtig funktionierenden Mitgliedern der Organisation wahrscheinlich schon sehr früh als richtige Lehre verinnerlicht. Mit der Aufnahme in die CMO-Einheit landete er praktisch im sich entwickelnden Führungskader der Organisation, denn, so das Landesamt für Verfassungsschutz Baden-Württemberg, »die Commodore Messengers Org (CMO) ist eine Art Kadettenanstalt in den USA, in der Kinder und Jugendliche auf künftige Führungsaufgaben vorbereitet werden«.[11] Ein Unterfangen, das bei David Miscavige unbestreitbar in Vollendung gelungen ist.

Dass ein weiteres Mitglied seiner Familie, seine Nichte Jenna Miscavige-Hill, sich mühsam einen Weg aus der Organisation heraus erkämpft hat, wird ihm sicher unverständlich bleiben. Und erst recht, dass sie über ihre Erfahrungen in einem Buch berichtet. Ihre erschreckenden, drastischen Schilderungen aus der Kindheit in der Sea-Org und der Kadettenschule lassen ahnen, welchen Drill auch Miscavige durchlaufen haben muss. Hier ein Auszug aus ihrem Buch: »Mit der Umsetzung der neuen Reglementierung wurde die Ranch zur Cadet-Organisation – einem Internat für Kadetten – und ähnelte immer mehr einem militärischen Bootcamp mit zermürbenden Drillübungen, endlosen Appellen und harter körperlicher Arbeit, die keinem Kind zugemutet werden sollte. (Jenna war sieben Jahre alt, als sie Kadett wurde, Anm. der Verf.) Von dem Moment an, wenn wir aufwachten, bis zu dem, wenn wir wieder ins Bett fielen, gab

11 www.verfassungsschutz-bw.de/so/start_so.htm.

es kaum freie Zeit. ... zwischen Drillübungen, Hausarbeit, Diensten, Posten und Unterricht war alles bis auf die Minute geplant. Der Umstand, dass mein Onkel das Oberhaupt von Scientology war, schützte mich nicht und sprach mir auch keine Sonderbehandlung zu.«[12]

Die Nichte des Bosses bestätigt die Beschreibungen anderer bei Scientology Aufgewachsener über ihre Zeit im Elitetempel der angeblichen Religionsgemeinschaft: Die Kinder im System Scientology werden ohne Wenn und Aber zu strengster Disziplin und unterwürfigem Gehorsam in einer unfreien, undemokratischen Vereinigung erzogen – mit zum Teil entwürdigenden Praktiken. Darüber hinaus werden sie in der CMO zu kleinen internen Spitzeln für die Überwachungseinheit der so genannten Ethik-Offiziere geformt. Bei Jenna liest sich das so: »Wenn man sich unangepasst verhielt oder Dinge ständig hinterfragte, wurde man mit Drohungen, Strafen und Demütigungen vor den Augen der gesamten Gruppe sanktioniert. ... Es galt die Regel, dass wir uns melden sollten, falls wir etwas sahen, das als »unethisch« galt, sonst waren wir Mittäter und bekamen dieselbe Strafe. ... Einträge und Demütigungen waren wesentliche Maßnahmen, Kadetten jeden Alters zu Gehorsam und Mitarbeit zu zwingen. Es war erstaunlich, wie schnell selbst kleine Kinder sich diesem System fügten und sogar der eigenwilligste Achtjährige plötzlich anderen gefallen wollte.[13]

Vor dem Hintergrund dieser Schilderungen ist es nicht verwunderlich, dass David Miscavige, der nun einmal im selben System groß geworden ist wie seine Nichte und nun als Führungsfigur dieses System aufrechterhält, neuerdings mit

12 Jenna Miscavige-Hill: Mein geheimes Leben bei Scientology, S. 63f.

13 Ebd., S. 65.

einem neuen Spitznamen betitelt wird: Man nennt ihn den »pseudo-religiösen Diktator«.[14] Und Jenna ist nicht die Einzige, die mit ihrer öffentlichen Aussage den Scientology-Boss in ein entsprechendes Licht rückt. Ehemalige Weggefährten an der Spitze der Organisation, die inzwischen Scientology verlassen haben, geben ihm sogar maßgebliche Schuld an der Entwicklung zu noch mehr Diktatur und Gewalt.

So lässt der unter ihm über lange Jahre verantwortliche Chef des *Office of Special Affaires* (OSA), also des international arbeitenden eigenen Geheimdienstes, Mike Rinder (ausgestiegen im Jahr 2007), kein gutes Haar an seinem ehemaligen Vorgesetzten: Er sei »extrem eitel« und nutze seine Intelligenz für böse Dinge. »Er ist wirklich der Diktator von Scientology. Ein verrücktes Genie.«[15]– das die Geschicke vieler Menschen lenkt!

Und das sehr erfolgreich, wie es scheint. So werden einige Errungenschaften, die zur Zeit Hubbards nicht bis zur Vollendung erreicht wurden, ihm zugeschrieben, und das mit einer gewissen Berechtigung. Allem voran der Ausbau der Kontakte in Hollywood. Bei seinen eher seltenen Auftritten in Los Angeles – der Boss lebt meist sehr zurückgezogen – tummeln sich in der ersten Reihe die Aushängeschilder, Promis wie Tom Cruise und John Travolta. (Mehr zur Rolle der Prominenten im System im späteren Kapitel.) Den Gedanken, der hinter der Star-Fängerei steht, bringt der *Cicero* auf den Punkt: »Der Fischzug in der Filmbranche war eine Idee des 1986 verstorbenen Hubbard, und Miscavige hat sie umgesetzt. Er hat verstanden, dass Macht in Hollywood Macht in der Öffentlichkeit und sogar Macht in der Politik bedeutet.«[16]

14 Cicero, 03.09.2012.

15 Zitiert in: Cicero, 03.09.2012.

16 Ebd.

Und Miscavige klopft auch direkt in der Politik an. In dem Ort, in dem eine der weltweit wichtigsten Scientology-Zentralen sitzt und es daher häufiger zu kritischen Blicken der Öffentlichkeit auf das Gebären der Organisation kommt, erscheint es aus Sicht des Bosses nur logisch, sich eine örtlich einflussreiche Politikerin zur Lobbyistin zu machen.

Wie das geschah, gab ein ehemaliger Funktionär des internationalen Systems, Marty Rathun, unter Eid in einem Verfahren gegen die Church of Scientology FLAG Service Organisation am 9. November 2012 zu Protokoll[17]. Dass er über derartige Vorgänge so gut Bescheid weiß, ist kein Wunder, denn bis zu seinem Ausstieg 2004 war er der Inspector General of the Religious Technology Center, der obersten Einheit von Scientology International, und damit hinter David Miscavige die ranghöchste Person. Er berichtet, dass aus der Republikanischen Partei eine eher scientology-kritisch eingestellte Politikerin, die gut eingeführt war in die örtliche Gesellschaft und über entsprechenden Einfluss verfügte, mit Geld (Zitat Rathbun: »I know it was several thousand dollars per month.«) anscheinend dazu gebracht wurde, ihre Skepsis gegen die Organisation in Lobbyarbeit umzuwandeln. Dazu gehörten Einladungen in ihr Haus von anderen wichtigen Persönlichkeiten der Region, an denen dann auch hin und wieder Hollywoodgrößen der Scientology teilnahmen. Im Aussageprotokoll liest sich das so: »Question: ›So she set up these dinners at her house, and the Scientology movie stars were invited to come and woo the politicans?‹ Answer (Rathbun): ›Yes.‹ Question: ›Those Hollywood stars you name on page 2 are Tom Cruise, John Travolta, Greta van Susteren, and soap star Michelle Stafford?‹ Answer: ›Yes, correct.‹«

17 United States District Court Middle District of Florida Tampa Division, Case No 8: 12-cv-2477-T-33EAS, Document 8, Filed 11/15/12.

Aber nicht nur bei der Einflussnahme auf örtliche Meinungsführer wurden – und werden wohl immer noch – die Hollywoodgesichter eingesetzt. So schildert Rathbun, dass John Travolta auch benutzt wurde, um einen Rechtsanwalt von seiner Aufgabe, einen Mandanten gegen die Scientology zu vertreten, sozusagen *höflich abzulenken*. Scheinbar war die Ehefrau des Anwalts ein großer Fan von John Travolta, und so arrangierte Miscavige bei einer Veranstaltung, dass Travolta nicht nur anwesend war, sondern sich dem Ehepaar an diesem Abend intensiv widmete. (Rathbun: »So Dave very carefully arranged that Travolta would go up to their table and give them personal face time and make them feel like they were personal friends ...«)

Diese Art der politischen Einflussnahme ist exemplarisch für das Vorgehen von Scientology, unabhängig vom jeweiligen Standort. Überall wo Scientology agiert, wird versucht, politische Lobbyisten zu kreieren, die vor allem einem Zweck dienen: die Kritik an der Organisation und hohen Repräsentanten zu unterbinden, damit die Hubbard-Ideologie ohne Hindernisse verbreitet werden kann, und so über die Neugewinnung von Anhängern nicht zuletzt auch sichergestellt wird, dass die finanziellen Quellen weiterhin sprudeln.

Über Scientologys Taktiken hatte Marty Rathbun anlässlich eines Deutschlandbesuches 2012 bereits öffentlich berichtet. Anfang 2013 veröffentlichte dann der US-amerikanische Journalist und Autor Lawrence Wright sein Buch *Going Clear – Hollywood & the Prison of Belief*. Hierin erzählt er, dass die berühmten Scientologen im Weißen Haus quasi ein und aus gingen und anscheinend immer ein offenes Ohr finden. Diese Offenheit werde nicht zuletzt auch für außenpolitische Einflussnahme genutzt, wie der Spiegel aus dem Buch zitiert: Tom Cruise habe sich im Jahr 2003 bei der Regierung von George W. Bush über die Behandlung von Scientology in Deutschland beklagt. »In dieser Sache habe er sich mit dem damaligen stellvertretenden US-Außenminister getroffen ... sowie mit »Scooter« Libby, dem engsten Mitarbeiter von Vizepräsident Dick Cheney. Auch mit Bill Clinton habe Cruise gesprochen ... Clinton sollte sich bei Tony Blair dafür einsetzen, dass die Sekte in Großbritannien als Wohlfahrtsorganisation anerkannt werde. Cruise hatte Zugang zu praktisch jedem.«[18]

Sollte nun jemand behaupten, es wäre in den USA zu einfach, einen Hollywoodstar auf höchster Ebene für Propagandazwecke zu nutzen, der sollte bedenken, dass auch hier in Deutschland die Zugehörigkeit zu Scientology von Filmstars häufig genug heruntergespielt wird und die Propagandafunktion nur selten hinterfragt wird. Man erinnere sich nur mal an den Hype um Tom Cruise, als er Stauffenberg spielte, und wie er umjubelt wurde, als er einen Bambi erhielt. Sobald ein bekannter Name ins Spiel kommt, scheint häufig genug der Verstand auszusetzen, nicht nur in den USA und auch nicht nur bei Teenies.

Politiker, von denen sich die vor Ort aktiven Mitglieder für die Zukunft Vorteile versprechen, werden frühzeitig beobachtet und den zuständigen Stellen zur weiteren »Bearbeitung« benannt. So zum Beispiel auch in Hamburg im Jahr 2001:

»In Hamburg wurde gestern eine neue Bürgerschaft gewählt. Es gibt eine Partei, die etwas geschafft hat, was in Deutschland noch nie erreicht wurde: nämlich von 0 auf 19 % zu kommen, innerhalb von 15 Monaten. Der Parteivorsitzende ist Ronald Schill, er ist Richter, und seine Partei heißt *Partei rechtsstaatliche Offensive*. ... Da er hier in Hamburg in aller Munde war und den TA in Bewegung gebracht hat, haben wir ihn uns auf einer Wahlveran-

18 Der Spiegel 3/2013 vom 14.1.2013.

staltung angeschaut, um uns ein Bild von ihm zu machen. ... Ronald Schill wird höchst wahrscheinlich neuer Innensenator. ... der darüber spricht, Druggies weiterhin Methadon/Heroin zu geben. Offensichtlich hat er keine andere Lösung für dieses Problem.«[19]

Scientology wittert gleich seine Chance und schmiedet folgenden Plan:

»Ein exzellent in PR ausgebildetes Terminal safepointet Schill. Diese Person handhabt Schill dann, einen Teil der Gelder, die für das Methadon-/Heroinprogramm für Hamburger Drogensüchtige ausgegeben werden, dafür zu benutzen, 20-50 Druggies zu Narconon, USA, zu schicken, die als Spitzenprodukte nach Hamburg zurückkommen und für ganz Deutschland PR-mäßig über die Medien vorgestellt werden können.«[20]

Ja, es werden alle Möglichkeiten in Betracht gezogen, um Politiker für die eigenen Zwecke zu nutzen. Adressiert ist dieser Bericht an die Scientology-Zentrale in Deutschland und an das DSA, Department für spezielle Angelegenheiten, die deutsche Zweigstelle des Office of Special Affairs (OSA), die für solche Aufgaben geheimdienstlich zuständig ist. Oder wie es Marty Rathbun ausdrückt: »The dirty tricks and the propaganda arm of the Churches of Scientology.«[21]

Dieses Bild von einer »schmutzige-Tricks-und-Propaganda-Abteilung« ergänzt sich sehr gut mit einer Bewertung des Verwaltungsgerichts Köln vom 11.11.2004, das in der Gruppierung einen »verfassungsfeindlichen Personenzusammenschluss« sieht, weil die Mitglieder »ihre Gegner verunglimpfen und verleumden und ihnen explizit die Menschenwürde absprechen«.[22]

Ob unter David Miscavige die »Schmutzabteilung« für

19 C.S.W on PR in Germany, 24.09.01.

20 Ebd.

21 a.a.O, S. 4f.

22 VG Köln, Az 20 K 1882/03.

die Zersetzung der Gegner der Scientology-Organisation mehr Macht erhalten hat als unter Hubbard, wovon offenbar einige ehemalige Scientologen ausgehen, ist schwer zu belegen. Wahrscheinlicher ist auch hier, das Miscavige die Vorgaben des Gründers schlicht fort- und weitergeführt hat, denn schließlich hat Hubbard die Abteilung schon zur »Feindesabwehr« gegründet. Allerdings hat Miscavige und die unter ihm arbeitende OSA heute mehr technische Möglichkeiten, als es sie unter Hubbard gab, und das macht sie wahrscheinlich gefährlicher als in früheren Zeiten. Daher könnte das Landesamt für Verfassungsschutz Baden-Württemberg richtig liegen, wenn es mutmaßt: »Falls nichts Unvorhergesehenes geschehen sollte, kann David Miscavige die Scientology-Organisation (SO) noch viele Jahre führen.«[23]

Religion oder Sekte?

Wer nachvollziehen möchte, wie in dieser Organisation Menschen dazu kommen, für Außenstehende nicht nachvollziehbare Ideen zu vertreten, kommt an den Anfangsjahren nicht vorbei. Also beginnen wir von vorn: Es war einmal ein Science-Fiction-Autor mit Namen Hubbard. Nie hat er von sich behauptet, er sei ein Gott oder auch nur göttlich, aber er behauptet, er sei im Himmel gewesen, und das anscheinend mindestens zweimal:

»Die Zeit meiner ersten Ankunft war datiert auf 43.891.832.611.177 Jahre, 344 Tage, 10 Stunden, 20 Minuten und 40 Sekunden nach dem 9. Mai, 22.25 Uhr Greenwich-Tageszeit.« Auf seiner Reise soll er im Weltall die Russen auf dem Weg zur Venus in die Flucht geschlagen haben. Recherchierbar ist dies aber leider nicht – er hatte wohl seine Kamera zuhause vergessen ... Immerhin liefert

23 Verfassungsschutz 1952-2012, Festschrift zum 60. Jubiläum des Landesamts für Verfassungsschutz Baden-Württemberg, 2012, S. 290.

er aber eine genaue Beschreibung vom Jenseits: »Eine Prachtstraße mit Heiligenstandbildern führt zu ihnen hin. Die Säulen der Portale werden von marmornen Engeln überragt. Das Gelände um die Eingänge ist sehr gepflegt ...«

So zumindest bei seinem ersten Besuch. Bei seinem zweiten Ausflug ins Himmelreich scheint sich dort viel verändert zu haben. Oder hat er beim ersten Mal nicht richtig hingeschaut? Wir wissen es nicht. Jedenfalls schildert Hubbard seinen Himmel nach seinem zweiten Besuch eher trist: »Die Vegetation gibt es nicht mehr. Die Säulen sehen jämmerlich aus. Die Heiligen sind verschwunden und auch die Engel.« Für ihn kann dies nur eines bedeuten: Das Universum muss gerettet werden. Und damit fängt man am besten unten auf der Erde an:

»Der erste Schritt ist, den Atomkrieg und planetarisches Chaos zu verhindern und die Erde als ein Rehabilitationszentrum zu benutzen, da hier die (scientologische, Anm. d. Verf.) Technologie schon gut eingeführt ist. Ein zweiter, darauf folgender Schritt ist, den zentralen Organisationen (der Scientology, Anm. d. Verf.) nicht unähnliche Arbeitseinheiten in nahegelegenen Systemen einzurichten.«[24]

Die Erde als Rehabilitationszentrum für verwirrte intergalaktische Chaoten. Und ein paar Bündnispartner im Himmel hatte er auch bereits ausgemacht:

»Mit den stellaren Mächten, die sich für diese Bereiche interessieren, wird sich kein ernstzunehmender Konflikt entwickeln, da ich für die beiden, die in dieser Galaxis am meisten davon berührt werden, die Hand ins Feuer lege, nämlich Espinol United Stars, wozu das Sonnensystem entfernt gehört, und die Galaktische Konföderation, der sich Espinol mit Maßen beugt.«[25]

Eine nette kleine Weltraum-Episode, die Hubbard hier skizziert. Und sie taugt auch bestimmt für eines seiner Science-

24 Edition Scienterra, VAP Verlag (Hrsg.): Scientology – Mehr als ein Modetrend, Preußisch Oldendorf, 1991.

25 Ebd.

Fiction-Bücher. Aber hat diese Vision wirklich so viel Überzeugungskraft, dass man sie anderen Menschen tatsächlich als neue Religion verkaufen kann? Und wie kam Hubbard überhaupt auf die Idee, dies zu tun? Ein Erich von Däniken zum Beispiel – Schriftsteller und berühmter Vertreter der Prä-Astronautik – hat doch bisher auch nicht versucht, seine außerirdischen »Wahrheiten« mit dem Schein der Religiosität zu verbinden oder seine »Erkenntnisse« zur politischen Marschrichtung zu erheben. Ihm genügt – im Gegensatz zu Hubbard – der Verkauf seiner Bücher.

Nun, aus welchen Gründen auch immer: Hubbard wollte seine Lehre »an den Mann« bringen. Doch da sie so komplex ist, wird erst einmal ganz klein angefangen bei der Einführung in die Ideologie. Das desaströse Chaos im Himmel wird dem Angeworbenen in Scientology nicht gleich offenbart. Das Ausmaß der Universumsaufgabe wird erst nach und nach vermittelt. Zuerst muss die scientologische Sprache erlernt, der eigene Geist mit den scientologischen Anweisungen in Einklang gebracht und so der Weg zur galaktischen Erkenntnis geebnet werden. Typische Lehrsätze in dieser Phase sind zum Beispiel »Gehe nie über ein unverstandenes Wort hinweg« oder »Wahr ist für dich nur das, was du für wahr erkennst«.

Ebenfalls am Anfang der Reise in das Raumzeitalter des Herrn Hubbard steht die Erkennnis, dass das Gehirn nicht etwa ein Organ ist, sondern aufgeteilt in zwei Hälften: den analytischen und den reaktiven Geist. Nach Hubbard ist der analytische Geist rational, steuert die Wahrnehmung, hat die Fähigkeit zu entdecken und auch zu zählen. Der reaktive Geist jedoch kann gegen den reaktiven angehen. Dieser ist ein übler Geselle und verantwortlich für vieles, was den Menschen quält. Bereits im Buch *Dianetik* sitzt der reaktive Geist auf der Anklagebank:

Er nimmt den Menschen das musikalische Gehör. Er bringt die Menschen zum Stottern. Er bewirkt das, was man auf jeder Liste geistiger Leiden finden kann: Psychosen, Neurosen, Zwänge, Verdrängung ... Was kann er tun? Er kann Arthritis, Bursitis, Asthma, Allergien, Sinusitis, Koronarerkrankungen und hohen Blutdruck verursachen und so weiter durch den ganzen Katalog der psychosomatischen Krankheiten.[26]

Die Ursache für derart schädigendes Verhalten liegt laut Hubbard daran, dass dieses reaktive Teufelchen ausschließlich negative Erfahrungen speichert. Er hat aus den zahlreichen vergangenen Leben – bei Scientology glaubt man an Wiedergeburt – Bilder von unangenehmen Erfahrungen und Erlebnissen aufgenommen. Durch diese Bilder ist der positiv eingestellte analytische Geist gefangen, gehemmt oder einfach kurzgeschlossen – sozusagen unfrei.

Das ganze Streben durch die Kurse und Seminare zielt von Anfang an darauf, diese den analytischen Geist hemmenden Abbilder – bei Scientology heißen sie Engramme – aus dem reaktiven Geist zu löschen. Ist dieses nach – in der Regel langen und teuren Sitzungen, dem »Auditing«, gelungen, geht man bei Scientology davon aus, dass der jeweilige Scientologe den Status »Clear« erreicht hat. Bis zu diesem denkwürdigen Ereignis heißen die Anwärter auf diese Stufe »Preclear«. Je nachdem, in welchem Maß der einzelne Mensch Untaten begangen, Schmerzen erfahren oder Drogen konsumiert hat, dauert die Prozedur häufig jahrelang und kostet und kostet. Der scientologisch zu erlernende Begriff, der die Sinnhaftigkeit der Auditing-Prozedur erklärt, ist die so genannte »Zeitspur«, auf der sich alles befindet, was je geschehen ist, und die es zu erforschen gilt.

Dazu kommt ein besonderes Gerät zum Einsatz: das Hubbard-E-Meter, ein E-Meter, an dem mit einem Kabel

26 L. Ron Hubbard: Dianetik. Die moderne Wissenschaft der geistigen Gesundheit. Kopenhagen, 1984, S. 66.

Blechdosen befestigt sind und das an die Steckdose angeschlossen wird. Der »Auditor« sitzt mit dem Blick auf die Anzeigen des Gerätes den Probanden gegenüber und registriert die Ausschläge der auf dem Gerät vorhandenen Nadel. Diese dokumentiert Reaktionen, die von den in den Händen der Probanden liegenden Dosen abgeleitet werden. Diese Reaktionen werden durch Fragen stimuliert und scientologisch interpretiert und – nicht unwichtig – notiert.

Das Auditing ist nicht nur ein Muss in Scientology, um sich dort weiterzuentwickeln. Ziel ist es genauso, möglichst viele Menschen zu Auditoren auszubilden, um die Verbreitung der Organisation zu sichern. Im Rahmen der Ausbildung zum Auditor werden erste »Erkenntnisse« über die Zeitspur vermittelt und so die Neugierde des Mitglieds immer mehr entfacht:

> Die Zeitspur ist – dank »Ron« wissen wir das – mindestens 350 000 000 000 000 Jahre lang. (Wahrscheinlich aber noch viel länger.) Nach Hubbards Theorie werden alle 25stel-Sekunden auf der Zeitspur 57 Wahrnehmungen gespeichert. ... Man könnte nun rational entgegenhalten: Die Erde hat sich vor 350 Billionen Jahren noch nicht gedreht, sie gab es schlicht nicht, nicht einmal das Universum. Aber ...: Das E-Meter belehrt uns eines Besseren. ... Denn mit Hilfe des E-Meters ... kann man jedes beliebige Datum auf der Zeitspur ausfindig machen, ohne dass der Preclear auch nur ein Wort sagt: beispielsweise den 1. Februar 9876533210 vor Christus! ... Mein Trainer dachte sich ein Datum aus und schrieb es für mich nicht sichtbar auf ein Blatt Papier. Ich glaube, es war sein Geburtsdatum (Jeder fängt mal klein an!). Nun musste ich fragen: »Liegt das Datum vor 1945 n. Chr.?« Gab es eine Nadelreaktion (am E-Meter, Anm. d. Verf.), hieß das »ja«, gab es keine, hieß das »nein«. Ich kreiste so das Jahr ein. Dann folgte die Frage »Liegt das Datum vor dem 1. Juli 19XY?« So fand ich den Tag heraus. Am Ende hatte ich tatsächlich das Geburtsdatum ausspioniert, ohne dass er mir irgendetwas gesagt hatte. Das E-Meter funktioniert, davon war ich felsenfest überzeugt.[27]

27 Ursula Caberta/Gunther Träger: Scientology greift an. Düsseldorf, 1997, S. 53.

Und so gehören E-Meter auch zum Verkaufangebot des Scientology-Betriebes. In verschiedenen Ausführungen werden sie angeboten und durch die Organisation gewartet – natürlich gegen zusätzliche Kosten. Hin und wieder wird die Technologie verbessert, und man sollte sich ein neues E-Meter anschaffen. Ein weiterer Trick, um die Geldmaschinerie in Gang zu halten ...

Geld ist auf allen Ebenen ein wichtiges Thema bei Scientology. So kann man auf dem Weg zum »Clear« neben den Verfehlungen auf der Zeitspur selbstverständlich auch im Hier und Jetzt in Ungnade fallen, nämlich immer dann, wenn die für den Weg zum Clear zuständigen Begutachter feststellen, dass der »Student« oder »Preclear« Schwierigkeiten erkennen lässt, sich ganz dem zu erreichenden Ziel hinzugeben. Und solche Schwierigkeiten bestehen nicht selten darin, dass die finanziellen Möglichkeiten des Einzelnen nicht ausreichen, um im Hamsterrad der Organisation mitzulaufen.

Diesbezüglich gibt es zahlreiche Berichte von ehemaligen Scientologen, denen immer wieder suggeriert wurde, sie bräuchten mehr Auditing, da ihre immer noch ungelösten Probleme (welche das auch gewesen sein mögen) von noch nicht aufgedeckten Gemütsstörungen herrührten. Um endlich die Wurzel des Übels zu erkennen und auszureißen, sei weiteres Auditing unumgänglich. Teuer zwar, aber doch eine sinnvolle Investition für das weitere Leben ...

Eine immer wiederkehrende Erklärung von ehemaligen Mitgliedern, die sich nach dem Lösen von der Organisation mit Schuldenbergen konfrontiert sehen, ist die Verlockung, was nach »Clear« passiert. Dieses wird ihnen durch Schriften und innerhalb der Organisation auch durch Schilderungen von Mitgliedern, die diesen Weg bereits gegangen sind, sehr euphorisch dargestellt. Man hatte Respekt vor diesen Personen der Organisation, da man sich selbst noch auf der Brücke in unteren Regionen als »Student« abstrampelte. Gerade hatte man erfahren, dass der Mensch nicht einfach ein Mensch ist, sondern sich aus drei Teilen zusammensetzt (»Der erste Teil ist das geistige Wesen, das in der Scientology Thetan genant wird. Der zweite Teil ist der Mind. Der dritte Teil ist der Körper.«) und dem Thetan besondere Aufmerksamkeit zu schenken ist. Da will man natürlich auch wissen, was dahintersteht, selbst ins Universum des aktiven Thetan, des operierenden Thetan (scientologisch kurz OT) eintauchen und im Idealfall die höchste zu erreichende Stufe im OT-Bereich OT VIII erklimmen – durch Feuerwände (Stufe OT III) und andere intergalaktische Phänomene hindurch. Und wenn man das geschafft hat? Dann sind auf der Brücke zur Freiheit noch höhere Stufen angekündigt.

Ein Mysterium folgt dem anderen, um die auch bei denjenigen die Neugierde aufrechtzuerhalten, die Engagement und Geld genug haben, sich immerhin bis OT VIII hoch zu auditieren. Jetzt wird es besonders spannend, denn auf diesen Graden ist man mit sich und seiner Zeitspur und vor allem mit seinem Thetan (inklusive den an ihm haftenden Kleinthetanen, so genannten Bodythetanen) allein. Man auditiert sich selbst. Und irgendwann kann man es dann sogar Hubbard nachmachen und das Weltall besuchen, weil man schließlich gelernt hat, sich von seinem Körper zu lösen. Der aktive, von störenden Elementen befreite geistige Teil, der Thetan, erlernt – so die Lehre –, sich zu extorisieren, also den Körper zu verlassen, und herrscht somit über das MEST: Man kontrolliert Materie, Energie, Raum und Zeit.

All dieses Wissen muss natürlich streng geheim bleiben. Hubbard musste sich wohl sicher sein, dass die Prozedur bis zum Clear-Zustand den menschlichen Verstand derartig umnebelt, dass er nun auch seine Weltallkriegsschauplätze kritiklos übernimmt und verteidigt. Aber dank einiger Aussteiger ist nun auch außerhalb der Organisation bekannt, dass auf der Stufe OT III die intergalaktische Kriegsphantasie des Herrn Hubbard vermittelt wird.

Diese dreht sich um einen Feind aus dem All mit Namen Xenu – Herrscher über eine galaktische Konföderation, die aus 21 Sonnen und 76 Planeten besteht. Dieser Bösewicht versuche nun, alle Wesen seiner Einflusssphäre unter seine Kontrolle zu bringen. Begonnen hat er damit bereits vor rund 75 Millionen Jahren, indem er den Thetanen mit Gewalt, Drogen, elektrischen und elektronischen Mitteln seine Befehle eingepflanzte. Um einem Überbevölkerungsproblem Herr zu werden, schickte er Massen dieser mit den genannten rabiaten Methoden behandelten Thetanen auf die Erde, die damals noch »Teegeack« hieß, stopfte diese Milliarden von Thetanen in Vulkane und brachte darin zwei Wasserstoffbomben zur Explosion. Wundersamerweise wurden diese Thetane dann in den Himmel geschleudert und mit Flugzeugen auf die Erde zurückgebracht.

Das könnte eigentlich ein fröhliches Ende der Geschichte sein. Ist es aber natürlich nicht. Denn Hubbard – wer sonst – habe die wahren Absichten des Xenu erkannt, nämlich die auf der Erde Wandelnden dazu zu bringen, die technische Zivilisation von vor 75 Millionen Jahren nachzuahmen und anschließend einen planetarischen Selbstmord zu begehen. Xenu, so geht die Geschichte weiter, ist inzwischen allerdings aus dem Verkehr gezogen, denn in seiner Umgebung gab es ein paar gute Thetane, die ihn festgenommen und in eine elektrisch geladene Kiste gesperrt haben. In den Schriften finden sich zwar keine Hinweise, dass der üble Geselle diese Kiste wieder verlassen hat, aber seine ihm treu ergebenen Thetane weilen nach wie vor unter uns, die Xenu-Gefahr auf Erden ist akut. Die Entwicklung der Atombombe, Krieg, Folter, Drogen, Mord, Gehirnwäsche, Elektroschock-Therapien, alle Übel dieser Welt haben ihren Ursprung in den finsteren Plänen des in der Kiste dahinvegetierenden Xenu.

Um nun die eingepflanzten »Engramme« der Vergangenheit oder auch die Hemmnisse im Hier und Jetzt feststellen zu können und den Thetan von der Marter zu erlösen, bedarf es wieder der Hilfe des Hubbard-E-Meters. So schließt sich der Kreis, und die vielen Auditing-Sitzungen ergeben nun gänzlich einen Sinn ...

Die Weltraumodyssee rund um Xenu ist die Grundlage von Hubbards System; das wird bereits daran deutlich, dass auf dem Dianetik-Buch ein explodierender Vulkan abgebildet ist. Weltraumhorror als Religion? Nein, so begann es nicht. Der erste Ansatz war die Rettung der Menschen bzw. der Geistwesen in ihnen, den Thetanen. Heilungsverfahren und -versprechen durchziehen die gesamte Ideologie. Die einzig wahre Therapie, so wird behauptet, befinde sich in Händen der Scientologen. Von Religion oder Glaube wird hier nicht gesprochen. Erst die vehementen Auseinandersetzungen mit amerikanischen Behörden lassen die ganze Angelegenheit zu einer »Kirche« mutieren.

Noch im Juni 1953 erklärt Hubbard den Begriff Scientology wie folgt:

> Scientology ist die Wissenschaft des Wissens. Sie besteht aus vielen Teilen. Ihre Hauptunterteilung ist Scientology selbst sowie Para-Scientology. Unter Scientology ordnen wir diejenigen Dinge ein, über die wir sicher sein können, und ausschließlich solche Dinge, über die wir Gewissheit haben können. Wissen selbst ist Sicherheit; Wissen ist nicht gleichzusetzen mit Daten.

Para-Scientology ist der große Topf, der all diejenigen Dinge enthält, die mit größerer oder geringerer Unsicherheit verbunden sind. Hier finden wir fragwürdige Dinge, diejenigen Dinge, über die sich der normale Beobachter mit ein wenig Studium nicht sicher sein kann. Einige der Dinge, die unter Para-Scientology fallen, sind: Dianetik, die Unsterblichkeit des Menschen, die Existenz Gottes ... Solche Dinge haben eine relative Wahrheit. Trotzdem ist die Dianetik mehr eine exakte Wissenschaft als viele, die diese Bezeichnung vorher getragen haben. Ebenfalls unter die Überschrift Para-Scientology würden folgende Dinge eingeordnet werden: vergangene Leben, mysteriöse Einflüsse, Astrologie, Mystizismus, Religion, Psychologie, Psychiatrie, Kernphysik und jegliche andere Wissenschaft, die auf Theorie basiert.[28]

Trotz dieser zum Teil widersprüchlichen Aussagen des Gründers gelingt es immer wieder, nach außen der nichtscientologischen Welt zu verkaufen, Scientology sei eine Religionsgemeinschaft. Dieses Phänomen, insbesondere vor Gerichten oder in der Wissenschaft, ist nur für jemanden nicht leicht nachvollziehbar, der die Marketingstrategie der Organisation nicht kennt oder nicht durchschaut. Nach außen wird das Kirchen-Image als Strategie genutzt, in der Annahme, mit einer Religionsgemeinschaft gehe der Staat respektvoller um. Reine Taktik. Die zum Scientologen gewandelten Menschen übernehmen irgendwann die These, sie gehören einer Religion an, denn es gilt, Xenus »Freunde« in die Schranken zu weisen, und da ist jedes Mittel recht. Tief im Inneren haben sie aber die Gewissheit, sie brauchen nicht zu glauben, denn sie *wissen*. Sie sind Teil der Organisation, die alles weiß, da braucht es nicht den Glauben des Einzelnen. Bisher ist der Autorin kein ehemaliges Mitglied

28 In: Tom Voltz: Scientology und (k)ein Ende. Düsseldorf, 1995, S. 72f.

bekannt geworden, das nach dem Verlassen der Organisation von sich gesagt hat, ja, ich habe mich Scientology zugewandt, weil ich meine Religion gefunden habe. Nicht eine Person!

Solange innerhalb der Organisation die Menschen so manipuliert werden, dass die kranke und dumme Außenwelt die wirkliche Wahrheit, die es nur in Scientology gibt, nicht anerkennt, wird die Außendarstellung beibehalten und somit (nach außen) das Recht des freien Glaubens eingefordert. Schließlich soll jeder nach seiner Fasson selig werden. Nur muss man sich klar werden, dass es bei Scientology eben eigentlich nicht um den Glauben geht, sondern um die Verbreitung der Technologie des Herrn Hubbard. Ein Mitglied der Organisation ist nicht im System Scientologe und außerhalb ein ganz normales Mitglied der Gesellschaft. Ein Scientologe/eine Scientologin ist immer Mitglied der Organisation und verpflichtet, die erlernten scientologischen Techniken anzuwenden. Scientology wird zum Lebensinhalt, zum Mittelpunkt von Denken und Handeln mit allen Konsequenzen.

Vom irdischen Wesen zum Scientologen

Thetane in kleinen und großen Körpern

»Ein Kind ist ein Mann oder eine Frau, der oder die noch nicht zur vollen Größe herangewachsen ist«, so L. Ron Hubbard in seinem Buch *Kinder-Dianetik*. Eine Aussage, die an Banalität kaum zu übertreffen ist. Allerdings bedeutet sie nach dem Gründer der Scientology-Organisation nicht etwa, dass den Kindern nun eine Erziehung zukommen soll, die sie zu selbstbestimmten Männern und Frauen heranwachsen lässt. Die von ihm entwickelte Theorie über Menschen betrifft auch die Kleinen von Anfang an.

Um die Verhaltensweisen von Scientologen zu verstehen und die zum Teil aus nicht-scientologischer Sicht widersprüchlichen, ja, zum Teil absurd anmutenden Aktionen einordnen zu können und vor allem, um zu verstehen, warum Menschen ohne zu hinterfragen ihre Kinder diesem System aussetzen, ist es nötig zu erläutern, was Scientologen dazu bewegt zu tun, was sie tun. Laut Hubbard'scher Lehre wird man nämlich zu einem Scientologen *gemacht*.

Diese Aussage ist durchaus stimmig. Das Lehrgebäude erschließt sich dem Angeworbenen erst Schritt für Schritt, Kursabschluss für Kursabschluss. Die so genannte Brücke zur Freiheit ist lang und ihre Beschreitung teuer. Den Menschen außerhalb die greifenden Mechanismen deutlich zu machen wird dadurch erschwert, dass der Gründer zum Teil unerträgliche Wortschöpfungen erdachte, Begriffe des allgemeinen Sprachgebrauchs »re-definierte« und ihnen damit eine andere Bedeutung gab. Außerdem baute er Abkürzungen ein, die sich nur erschließen, wenn man sich scientologisch schulen lässt. Um also an die »Erkenntnisse« der Dianetik und der Scientology zu gelangen, ist es nötig, in die scientologische Sprach- und Gedankenwelt einzutauchen.

Die Entwicklung einer eigenen Sprache ist einer der wichtigsten Bausteine, die Menschen zu Scientologen werden lässt. Über die erlernte Sprache, die nur im System Scientology anwendbar ist, entwickelt sich eine Art »Elite-Trauma«. Man(n)/Frau gehört dazu – zu einer Gruppe, die einzig und allein berufen ist, alle Probleme zu lösen. Die Abschottung durch die Sprache nach außen wird als Privileg gedeutet und als Beweis, dass die nicht-scientologische Welt dumm und krank ist. Dies kann durchaus das eigene Selbstbewusstsein fördern. Die Konsequenz daraus, dass es keinen Weg zurück gibt, wird nicht erkannt.

Gefördert wird das Elitedenken durch das Verhalten der Mitscientologen. Man ist sich ja einig in dem, was man spricht, denkt und tut – was soll also falsch daran sein?

Auf dieser Einigkeit basiert die Trennung der theoretischen von der praktischen Ebene bei Scientology. Beides geht Hand in Hand. Nur, wer die theoretischen, ideologischen Inhalte über die Angebote der Organisation erlernt und verinnerlicht, darf und soll diese auch praktisch anwenden. Daher zeigt die Brücke zur Freiheit auch zwei Wege auf: einen für den persönlichen Werdegang als Scientologe und auf der anderen Seite den Ausbildungsweg zur Verbreitung der Inhalte und weiteren Rekrutierung anderer Menschen. Bei L. Ron Hubbard liest sich die Erwartung an seine Jünger folgendermaßen:

> Daher ist der Weg, der vor der Scientology liegt, frei, und ihr letztlicher Erfolg ist sichergestellt, wenn die Technologie angewendet wird.

Die »Technologie« gilt in allen Bereichen als Schlüsselbegriff. Die »Technologie« ist zu schützen, zu verteidigen und anzuwenden. Wenn Änderungen vorgeschlagen werden, sind diese als ungeeignet abzuwehren. Hubbard dazu:

> Den tatsächlichen Unterlagen zufolge liegt die Wahrscheinlichkeit bei 100.000 zu 20, dass eine Gruppe von Menschen sich eine schlechte Technologie ausdenken wird, um gute Technologie zu vernichten. Da wir auch ohne Vorschläge vorwärtsgekommen sind, tun wir also besser daran, uns zu rüsten, dies jetzt, da wir es geschafft haben, auch weiterhin zu tun. Dieser Punkt wird natürlich als »unpopulär«, »selbstgefällig« und »undemokratisch« angegriffen werden. Das mag durchaus stimmen. Aber es ist auch eine Überlebensfrage. Und ich sehe nicht, dass unpopuläre Maßnahmen, Selbstverleugnung und Demokratie dem Menschen irgendetwas gebracht haben, außer ihn weiter in den Schlamm zu stoßen.[29]

Um diesen Erwartungen nachzukommen, müssen die Schritte mit Hubbard'schen Wahrheiten gespickt und »Befreiungskurse« absolviert werden. Befreiung bedeutet bei Scientology, bisher Erlerntes, Erlebtes nicht nur in Frage zu stellen, sondern zu ersetzen. Eben durch die »Wahrheiten« des Forschers, Philosophen, Weltreisenden Hubbard. Dazu müssen selbst fundamentale Erkenntnisse der Wissenschaft quasi im Kopf ad acta gelegt werden. Was in Physik, Chemie oder Biologie wissenschaftlich bewiesen wurde – vergessen! Es wird vermittelt, ausschließlich Gedanken seien die Quelle allen Lebens. Ob physisch oder psychisch: Alles, was existiert, verdankt sich einzig und allein der Tatsache, dass Vorstellungen und Einbildungen es zum Erscheinen bringen. So wird in der Lehre Scientology nicht bestritten, dass die Welt, in der wir leben, existiert. Das physikalische Universum ist allerdings geschaffen durch die Macht der Gedanken.

Natürlich gibt es dafür eine Abkürzung im scientologischen Sprachgebilde: MEST, diese steht für Matter, En-

29 L. Ron Hubbard: PTS/SP-Kurs. Kopenhagen, 1989, S. 1.

ergy, Space, Time (Materie, Energie, Raum und Zeit). Das anscheinend Faszinierende, das damit vermittelt wird, heißt nichts anderes als: Ich kleiner Mensch kann Dinge erschaffen, kann Einfluss auf meine persönliche Umwelt nehmen. Alle Wünsche sind erfüllbar, wenn ich die Techniken erlerne, die mich in die Lage versetzen, alles zu erschaffen und zu beherrschen. Denn ich bin das Zentrum.

Alfred Zeisel, ein ehemaliger Anhänger der Scientology und 13 Jahre dabei, beschreibt seine Veränderung zum Scientologen wie folgt:

> Anfangs war ich überrascht, viele mir bekannte Begriffe plötzlich in einer anderen Bedeutung zu hören. Kritik zum Beispiel bedeutet etwas sehr Schlechtes; in Scientology ist nämlich Kritik verpönt. Selbst Begriffe wie Denken und Sex meinen bei Hubbard etwas Schlechtes. Außerdem sprachen die Leute unablässig in scientologischen Kunstbegriffen, wie zum Beispiel Overts, Vergehen, oder OT's, Operierende Thetane. Das sind Scientologen, denen übersinnliche Fähigkeiten nachgesagt werden, die ich allerdings niemals beobachten konnte. Scientology hat so viele umdefinierte oder neu geschaffene Begriffe, dass es dafür zwei umfangreiche Wörterbücher gibt. – Mit der Zeit merkte ich dann, dass ich durch Aufgabe meiner eigenen Sprache auch meine Persönlichkeit verloren hatte. Ich war in Scientology quasi seelisch enteignet worden. Und ich brauchte nach meinem Ausstieg noch Jahre, um nicht mehr in die Falle zu treten, die mich gedanklich immer wieder mit Scientology verband. …
>
> Man wird halt, wenn man 14 Stunden täglich mit Scientologen zusammen ist, permanent indoktriniert. Und es ist auch psychologisch so: Hat man einmal von jemandem etwas Gutes erfahren, neigt man dazu, auch andere Ideen von ihm zu übernehmen – und zwar ungeprüft. …
>
> Je länger ich bei Scientology war, desto schwieriger wurde meine Beziehung zur Außenwelt. Ich hatte zum Beispiel regelrecht Angst vor den Behörden, wo – nach Ansicht fast aller Scientologen – die Unterdrücker sitzen.[30]

Verbunden mit der Verinnerlichung der Ideologie geht häufig eine Selbstüberschätzung der eigenen Fähigkeiten bei

30 Thomas Kruchem: Staatsfeind Scientology?. München, 1999, S. 89.

den Mitgliedern einher. Der formulierte Herrschaftsanspruch von Hubbard für das System Scientology überträgt sich quasi auf den einzelnen Scientologen, und häufig genug benimmt dieser sich dann auch so. Mit der Sprache und der Aufgabe der vorscientologischen Persönlichkeit übernimmt man auch die Aufteilung des Menschen in zwei Kategorien: die soziale und die antisoziale Persönlichkeit.

Soziale Persönlichkeiten sind laut Hubbard am Überleben interessiert und machen andere glücklich. Und sie schließen »Aktionszyklen« ab – ein wichtiger Maßstab bei Scientology. Aufgaben, Kurse, Beziehungen zu anderen Personen sind Zyklen, die abgeschlossen sein müssen. Hat ein Scientologe im Sinne des Systems Erfolg, hat er ein gutes oder hohes ARK. Diese Abkürzung steht für Affinität, Realität und Kommunikation.

Die von Scientology als Symbol verwendeten beiden Dreiecke, die durch ein großes S miteinander verschlungen sind, symbolisieren die drei Komponenten, die zusammen Funktionalität ergeben. Wird einem ein hohes ARK in einer Situation bestätigt, hat man sie scientologisch ausgedrückt »gehandhabt«, also auf gut deutsch »im Griff«. Für dieses ARK steht das erste Dreieck.

Das zweite Dreieck wird mit den Buchstaben KRC abgekürzt. K für Knowledge (Wissen), R für Responsibility (Verantwortung) und C für Control (Kontrolle).

Aufschlussreich ist die Deutung der Symbole durch den ehemaligen Scientologen Gunther Träger nach seinem Ausstieg – er hatte es bis zur Stufe OT V geschafft:

> Bis zur Stufe Clear werden einem in Scientology wie in einem Trichter die unbegrenzten Möglichkeiten offeriert. Danach dreht sich der Trichter um, und das System wird zu einer geschlossenen Veranstaltung, die nur mit Druck und Einschüchterung, mit bedingungslosem Gehorsam und kritik-

loser Hingabe funktioniert. Wo war plötzlich die Freiheit, die doch am Ende der Brücke stehen sollte?

Der Weg bis zum so genannten Clear-Zustand ist quasi die Vorbereitung auf das, was durch das zweite Dreieck symbolisiert wird: das durch Scientology vermittelte »Wissen«, Übernahme der Verantwortung jedes Einzelnen für das System Scientology und die Akzeptanz der totalen Kontrolle über die eigene Person und die Umgebung. Es wird also von Anfang an jedem klar gemacht, was Hubbard unter sozial und antisozial verstanden haben will.

Neben der Charakterisierung, dass Aktionszyklen von sozialen Persönlichkeiten abgeschlossen werden, wird diesen Menschen als Erkennungsmerkmal zugeschrieben, dass sie konstruktive Gruppen unterstützen und sich gleichzeitig gegen destruktive Aktionen wehren. Im Gegensatz dazu wird den antisozialen Persönlichkeiten im Schwarzweiß-Schema zugeschrieben, dass diese hauptsächlich kritische oder feindselige Bemerkungen verbreiten. Sie suchen sich ausschließlich das falsche Angriffsziel aus und unterstützen destruktive Gruppen.

Schlussfolgerung der scientologischen Indoktrination: Wenn etwas nicht so funktioniert, wie es soll, befindet sich in der Nähe eine antisoziale Persönlichkeit, die es dann herauszufiltern gilt. Diesem Ziel dient der Kurs »Wie man Unterdrückung konfrontiert und zerschlägt«. Dass sich die sozialen Persönlichkeiten natürlich ausschließlich unter den Scientologen finden und die »konstruktive« Gruppe einzig und allein Scientology ist, braucht wohl kaum noch erläutert zu werden.

Parallel zur Sprachentwicklung wird suggestiv die Gesamtideologie vermittelt: Du tust etwas für dich und damit gleichzeitig für deine Umgebung, für die Welt – und für das Universum. Sehr bald werden die so genannten Acht Dynamiken ins Spiel gebracht und als »Kenntnis über das Leben« verkauft. Die Erste Dynamik ist die einzelne Person selbst, die Zweite Dynamik besteht aus Familie, Ehe und Sexualverhalten. Dementsprechend bedeutet eine »Out-2-D-Feststellung« aus dem Scientologischen übersetzt einen Ehebruch. Nach außen wird diese Dynamik als Entwicklung von Kreativität bezeichnet. Die Dritte Dynamik, die Gruppendynamik, hat eine funktionierende Gruppe zu schaffen. Dass diese Gruppe Scientology ist (denn sie ist ja die einzige, die funktioniert und Rechte hat), lässt sich zunächst noch nicht erschließen. In der Außensprache werden alle möglichen Gemeinschaften als Gruppe definiert, allerdings doch schon mit dem Hinweis, dass Gruppen danach trachten, als Gruppe zu überleben. Ohne Kenntnis der scientologischen Sprache bleibt der dahinterstehende Kern unverständlich, und so soll es auch sein.

Die Vierte Dynamik ist die Menschheit, als »Gattung Menschheit« bezeichnet. Bei der Fünften Dynamik, als »Lebensformen« bezeichnet, finden sich Pflanze und Tier. Ab der Sechsten Dynamik klingt dann bereits die Weltallodyssee durch: das physikalische Universum. Hier bereits die für alle Scientologen im Werdegang immer wieder zu verinnerlichenden Punkte: Materie, Energie, Raum und Zeit (MEST). Die Siebte Dynamik präsentiert den Thetan – in den Darstellungsschriften als spirituelle Dynamik bezeichnet – als Lebensursprung. Und schließlich die Achte Dynamik, bezeichnet als der »Drang zum Dasein als Unendlichkeit«. Gespickt werden die einzelnen »Kenntnisse« immer wieder durch neugierig machende Bedingungen wie: »Deshalb wird man laut L. Ron Hubbard erst dann, wenn die Siebte Dynamik in ihrer Gesamtheit erreicht ist, ... die wahre Achte Dynamik entdecken.«[31] Klingt doch spannend. Der Weg ist offen zur Beherrschung der Unendlichkeit, was auch jeder Einzelne darunter verstehen mag.

Die Lehre über die Acht Dynamiken beinhaltet praktisch in Kurzform das, was den Scientologen erwartet. Wenn er für sich und seine Umgebung alle Dynamiken in Einklang gebracht hat, was natürlich von höher gestellten Scientologen beurteilt wird, öffnen sich die weiteren Türen.

Dass dieser Weg nur unter bedingungslosem Gehorsam und unter ständiger Kontrolle stattfindet, nimmt man, wenn überhaupt, erst im Laufe der Zeit wahr. Dafür wird von Anfang an gesorgt. So wird zum Beispiel stets eine Atmosphäre aufgebaut, die Nachfragen zu den »Kenntnissen über das Leben« unterbindet. Gerade am Anfang der Scientology-Karriere ist dies allerdings ohnehin kaum notwendig, da die meisten Anwärter ohnehin mit sich selbst beschäftigt sind und sich wohl eine Art Lebenshilfe erhoffen, die all ihre Probleme löst. Und wer doch einmal eine Nachfrage stellt, ruft ziemlich schnell die internen Wächter, die »Ethikoffiziere«, auf den Plan. Das Konzept hinter der Ideologie soll nicht erkannt werden – und wird es auch nicht! – und das sich vollziehende Gefangenwerden durch die ideologischen Ansätze ebenso wenig. Das ist der Trick.

Ein weiteres Detail, das die Thetane im System erlernen und natürlich auch anwenden müssen, ist die so genannte »Tonskala«, die laut Scientology »im täglichen Leben ver-

31 http://german.scientologyhandbook.org/sh2_2a.htm

wendet wird«. Sie hilft bei der Kommunikation und zeigt, wie man richtig »hilft«.[32]

Mit Erlernen dieser Skala wird verbunden, menschliche Reaktionen einzustufen, indem ihnen die vorgegebenen ablesbaren emotionalen »Zustände« zugeordnet werden. Zum Beispiel steht für den Skalawert 0,3 der Begriff »nutzlos«. Es gibt also scheinbar nutzlose Menschen. Nutzlos für was und für wen? Wer weiß das schon! Eine Person mit der Zuordnung 0,3 gilt demnach als »unwürdig«. Bei der Einstufung 1,1 diagnostiziert der Scientologe »versteckte Feindseligkeit«.

Die höchste und damit für alle Scientologen erstrebenswerte Stufe für sich, seine ihm nahestehenden Menschen und seine Umgebung ist 40,0. Diese Skalahöhe bedeutet laut Hubbard: heitere Gelassenheit des Seins als prägendes Merkmal der Person.

Mit der Einstufung von Menschen in diese Skala wird gleich nachlesbar, welche Eigenschaften sie (angeblich) haben. Die mit »versteckter Feindseligkeit« gehören wohl zu den aussichtslosesten Fällen, denn diesen werden aus scientologischer Sicht üble und schlecht angesehene Eigenschaften zugeordnet. So sind diese versteckten Feindseligen zum Beispiel häufig homosexuell. Diskriminierung à la Hubbard.

Wer möchte nicht gerne sein Gegenüber durchschauen und entsprechend reagieren können? Damit locken die Werbeschriften. Und sie versprechen noch mehr, nämlich fast hellseherische Fähigkeiten:

> Für das Leben und seine Beziehungen ist die Tonskala von großem Wert. L. Ron Hubbard hat das menschliche Verhalten sehr gründlich erforscht, und seine Arbeit in diesem Bereich liefert eine exakte Beschreibung der Einstel-

---

32 http://scientology.de/what-is-scientology/basic-principles-of-scientology/emotional-tone-scale.html

lungen und Verhaltensweisen des Menschen. Wenn man weiß, wo sich jemand auf der Tonskala befindet, kann man seine Handlungen vorhersagen.[33]

Verbunden wird dieses Versprechen oft mit einer Voraussage von Hubbard – und zwar einem seiner wenigen wirklich wahren Sätze:

Sie beginnen ein Abenteuer. Behandeln Sie es als Abenteuer. Und mögen Sie nie wieder derselbe sein.[34]

Der letzte Satz ist bitterernst gemeint. Wer sich auf das ihn vollständig verändernde Abenteuer einlässt, weiß natürlich nicht, was Hubbard im Hinblick auf eine der bekanntesten Anwerbemethoden, die so genannte Oxford Capacity Analysis (OCA) geschrieben hat:

Das Durchführen von Tests bewegt sich aus dem psychologischen Bereich hinaus und in die Vorhersage der Zukunft ... Wir werden den Aberglauben der Menschen an Voraussagen voll ausnutzen.[35]

Von wegen Eingehen auf die Bedürfnisse der Menschen. Zweck der Anwerbung ist allein die Ausnutzung Gutgläubiger!

Wir haben dich lieber tot als unfähig

Aus der Einstufung politischer Systeme, die zumeist als undemokratisch oder auch als totalitär »erkannt« werden, wird immer wieder folgende Aufgabe abgeleitet: Schutz der Ideologie durch Kontrolle.

Organisierte Kontrolle in einer Gruppe bringt häufig Verunsicherung und die Erzeugung von Angst bei den ein-

33 New Era Publications International (Hrsg.): Was ist Scientology?. Kopenhagen, 1998, S. 76.

34 L. Ron Hubbard: Dianetik. Die moderne Wissenschaft der geistigen Gesundheit. Kopenhagen, 1984.

35 L. Ron Hubbard: HCO PL. New Testing Promotion Section. 28.10.1960.

zelnen Menschen mit sich. Funktioniert ein Kontrollsystem, ist es schwer, von außen die Menschen innerhalb auf die Unfreiheit, die sich auch aus der Kontrolle ergibt, aufmerksam zu machen und zu verändertem Handeln zu bewegen. Besonders schwer wird es dann, wenn den betreffenden Personen in den für die Mitglieder bestimmten Veröffentlichungen die Kontrolle als Instrument für die angestrebte Freiheit vermittelt wird. Unter der Überschrift *Der Preis der Freiheit* wird L. Ron Hubbard zitiert:

> Ständige Wachsamkeit, ständige Bereitschaft zurückzuschlagen, um keinen anderen Preis ist sie zu haben.[36]

In der Scientology-Organisation ist das Kontrollsystem nach innen und außen ein weiterer Baustein, der das Denken und Handeln der Scientologen beeinflusst. Und das auf nicht zu unterschätzende Weise.

> Ein durchorganisiertes Management hilft, trotz gelegentlicher Katastrophen, getragen von nicht unerheblichen finanziellen Ressourcen, die Struktur aufrechtzuerhalten. … Und wahrscheinlich müssen wir erst diktatorische Militärregierungen zum Vergleich heranziehen, um dem Organisations- und Gehorsamsgrad der Scientology gerecht zu werden.[37]

Das Hineinwachsen in das Kontrollsystem wird durch verschiedene Mittel begünstigt. Eines davon ist die Maßgabe von Hubbard, dass bei richtiger Anwendung der Scientology von allen Aktiven immer höhere »Statistiken« produziert werden. Danach kann es nur immer bergauf gehen; Rückschläge sind einzig und allein auf die Tatsache zurückzuführen, dass irgendjemand nicht linientreu funktioniert. Hohe Statistiken, also hoher Verbreitungsgrad auf allen Ebenen,

---

36 Scientology Kirche Bayern e.V.: Ursprung. Zeitschrift der Scientology Kirche Bayern e.V.. München, 2005, S. 3.

37 Tom Voltz: Scientology und (k)ein Ende. Düsseldorf, 1995, S. 40.

dafür arbeiten und kämpfen die Scientologen untereinander und stehen somit in Konkurrenz. Angespornt werden die Mitglieder zum gegenseitigen Wettkampf vor allem durch das so genannte »Geburtstagsspiel«. Jedes Jahr an L. Ron Hubbards Geburtstag werden die Gewinner – diejenigen, die am besten für Expansion gesorgt haben – ausgezeichnet. Ein harmlos erscheinendes Spiel zur internen Motivation, immer besser als die anderen zu sein oder zu werden.

Der Wert der jeweiligen Statistik kann auf verschiedene Weise bemessen werden: anhand der Anzahl von angeworbenen Menschen, an der Höhe von Geldeinnahmen, zum Beispiel über Spenden an die International Association of Scientologists (IAS), die mit Auszeichnungen wie »Patron« belobt werden, oder in Vergabe der Freiheitsmedaille für Personen, die durch ihren Einfluss das Ansehen der Organisation verbessert oder gefestigt haben. Diese Auszeichnung genießen sehr häufig die Prominenten in der Organisation wie Chick Corea oder Tom Cruise.

Das Instrument der Statistik führt aber auch dazu, dass alle gegenseitig aufeinander achten, damit niemand die angestrebten Gewinnchancen beim Geburtstagsspiel vergeudet. Das Zauberwort für die gegenseitige Kontrolle heißt »Knowledge-Report«, also »Wissensbericht«: Man verfasst Berichte über andere, um dem Management mitzuteilen, was einem aufgefallen ist. Jeder kontrolliert jeden, und mit der Aufforderung, seine Beobachtungen kundzutun, erhöhen sich nicht nur das Misstrauen und der Druck untereinander, sie gibt dem Management auch die Möglichkeit zu erfahren, wer im Sinne des Systems funktioniert und wer nicht. Natürlich lässt sich nicht ausschließen, dass der eine oder andere über seine Wissensberichte sein eigenes Licht zu Lasten eines anderen heller leuchten lässt. So weit kann die Kontrolle dann doch nicht gehen.

Welche Bedeutung dieses Berichtssystem für die Organisation hat, ist von Hubbard für seine Verhältnisse auch für Außenstehende erstaunlich unmissverständlich beschrieben:

Es ist von größter Wichtigkeit, dass Wissensberichte geschrieben werden. … Wenn Sie etwas sehen, das die Expansion der Organisation bedroht, oder wenn Sie jemanden entdecken, der versucht, den Fortschritt der Scientology zu behindern, dann berichten Sie darüber Ihrem lokalen Ethik-Offizier, damit die Angelegenheit von den verantwortlichen Personen untersucht werden kann. … Es ist das Versäumnis der einzelnen Gruppenmitglieder, ihre Gefährten nicht zu kontrollieren, wodurch es für alle Gruppenmitglieder schwer wird, miteinander zu leben und zu arbeiten. Und Sie erhalten dafür eine wirkliche Gruppe, die gemeinsam ihre Umgebung kontrollieren kann und erfolgreich ist, weil ihre einzelnen Mitglieder helfen, sich gegenseitig zu kontrollieren.[38]

Das interne Kontrollsystem ist also das Ethiksystem, die Ethikabteilung, die es überall in der Welt, in allen »Kirchen« gibt. Der Ethikoffizier oder die Ethikoffizierin sind die Personen, die bei festgestelltem Fehlverhalten eingreifen.

Abweichler, Andersdenkende und sich kritisch Äußernde geraten sehr schnell in die »Ethik-Abteilung« der Scientology. In krassen Fällen werden sie sofort vom Rest der Organisation, also auch ihren Mitstudierenden, abgeschottet. Im Notfall wird Hausverbot oder auch Redeverbot erteilt. Es heißt dann: »Dein einziger Ansprechpartner ist der Ethik-Offizier.« Wer sich trotzdem noch kritisch bei Freunden (Mit-Scientologen) äußert, riskiert, eine so genannte »Nichtaufwühlungs-Anordnung« zu erhalten. Ihm wird der Mund verboten, da er andere »aufwühlt«.[39]

Aber nicht nur die örtlichen Oberscientologen sind über die regionalen Fehlentwicklungen zu informieren. Denn auch diese können ja in Gefahr geraten, von den Linien abzuweichen. Es ist also sicherzustellen, dass auch das Internationale

38 Tom Voltz,: Scientology und (k)ein Ende. Düsseldorf, 1995, S. 45.
39 Tom Voltz: Scientology und (k)ein Ende. Düsseldorf, 1995, 43f.

Management erfährt, was in der Scientology-Welt so los ist. Folgerichtig findet sich in fast allen weltweit erscheinenden regional und überregional unterschiedlichen Mitgliedsheften die Aufforderung, die oberste Einheit, das so genannte Religious Technology Center (RTC) in Los Angeles zu informieren. Früher per Post, heute ist dies auch online möglich.

Was dabei genau für die oberste Riege von Interesse ist? Nun, genau das, was auch in den regionalen Einheiten interessiert: Out-Tech. Die alles umfassende und an- und umzusetzende Technologie des L. Ron Hubbard. Nur, wenn die »Tech« drin ist, scientologisch ausgedrückt, ist die ungehinderte Expansion gesichert. Also dreht sich alles um die Hubbard-Technologie: Die Verwaltungstechnologie, die Studiertechnologie usw. Out-Tech ist somit eine schwere Verfehlung. In dieser kleinen Abkürzung ist für alle Scientologen zusammengefasst, was nicht sein darf: Abweichen vom korrekten Anwenden der Technologie. Die Aufforderung für die Berichte an das RTC macht deutlich, worum es geht:

> Wissensberichte sind auf allen Stufen der Scientology von unschätzbarem Wert und so auch für das Religious Technology Center. Falls Sie auf Out-Tech, Squirreln (Scientology-Wortschöpfung für absichtliches Verändern der »Technology«, Anm. d. Verf.), unautorisierte Verwendung von Materialien oder Marken stoßen oder jemand Ihnen rät, keine Wissensberichte an RTC zu schreiben, oder im Falle irgendwelcher anderer kirchlicher Schwerverbrechen, wie im Buch *Einführung in die Ethik der Scientology* beschrieben, oder unterdrückerischer Handlungen, sollten Sie bezüglich solcher Angelegenheiten direkt mit uns kommunizieren.[40]

Von ganz oben bis ganz unten, das Kontrollsystem ist komplett durchorganisiert. Out-Tech schon im Ansatz zu erken-

40 Scientology Kirche Bayern e.V.: Ursprung. Zeitschrift der Scientology Kirche Bayern e.V. München, 2005, S. 14.

nen ist natürlich nur möglich, wenn nicht nur das entsprechende Buch gekauft und möglichst gelesen wird, sondern vor allem, wenn der entsprechende Kurs absolviert wird. Denn nur dieser garantiert, dass verinnerlicht wird, wie man »Unterdrückung« erkennt und zerschlägt. In der Werbebotschaft für diesen Kurs heißt es:

> Sie (die Unterdrücker, Anm. d. Verf.) befinden sich unentdeckt unter uns und verstecken sich hinter Masken, die sie sozial erscheinen lassen – Masken, die überzeugender sind als die besten Spezialeffekte in der Filmindustrie. Es gibt jedoch eine Tech, um diese Fassade zu zerschmettern und das wahre Gesicht der Unterdrückung in allen Einzelheiten zu enthüllen.[41]

Interne Zeitschriften drucken – allerdings zumeist nur mit abgekürzten Buchstaben – Jubelberichte über den Erfolg eines Kurses ab. Da wird bestätigt, dass nach Abschluss des Kurses endlich die Familie »gehandhabt« ist, endlich in der Firma alles technologisch läuft, endlich erkannt wurde, dass man die Tech nicht richtig angewandt hatte und doch mit Unterdrückern in Verbindung stand. Nun, nach dem Erlernen der Fähigkeit, genau diese Bösewichte erkannt zu haben, ist der Weg frei, die Brücke zügig und schnell zu erklimmen.

Der Kurs kann durchaus wiederholt werden, denn immer und immer wieder kann es ja passieren, dass aus der nicht-scientologischen Welt Irritationen bei dem Einzelnen aufkommen oder dass intern ein Kontakt zu einem scientologischen Freund, der sich später als Unterdrücker herausstellt (zum Beispiel, weil er die Organisation verlässt), den eigenen Werdegang behindert. Dann folgt in der Regel der PTS/SP-Kurs als Lösung, auch für in Zweifel geratene Mitglieder.

---

41 Scientology Kirche Bayern e.V.: Ursprung. Zeitschrift der Scientology Kirche Bayern e.V. München, 2005, Deckblatt-Rückseite.

Vermittelt wird natürlich ganz detailliert, was als Vergehen, Verbrechen oder Schwerverbrechen anzusehen ist. Das scientologische Rechtssystem wird übernommen, und damit auch das, was Hubbard unter »fair game« verstanden hat: Eine unterdrückerische Person oder Gruppe wird zum Freiwild. In der Bedeutung von Denken und Handeln eines Scientologen gilt damit, dass Personen, die sich aktiv gegen Scientology betätigen, nach den »ethischen« Definitionen des Systems rechtlos sind. Im Umkehrschluss bedeutet dies, dass selbst massivste Straftaten gegen definierte Gegner nicht als »unterdrückerische Handlung« im Sinne der Scientology-Ethik zu bewerten sind. Der Schutz der Hubbard'schen Technologie und damit des Systems hat Vorrang vor allem anderen.

Wer so gepolt wurde, hat es schwer, die Unfreiheit im System zu erkennen. Angstfrei geht wohl niemand, denn einmal zum Unterdrücker erklärt, kommt die Furcht, es mit der für die Abwehr nach außen zuständigen Abteilung zu tun zu bekommen, dem Office of Special Affairs (OSA). Aus dem Hause dieser Abwehrabteilung stammt eine Führungsanweisung von 1989. In dieser Anweisung wird darauf hingewiesen, dass an alle Orgs auf dem Planeten eine Mappe zur PTS-Handhabung verschickt wurde. Der Titel dieser Mappe: *Fakten und bestätigende Unterlagen über die Scientology-Kirche.* Erstellt wurde sie im »Einklang mit der HCOPL vom 21.11. 1972 PR Serie 18. *Wie man schwarze Propaganda handhabt«*. Der unmissverständliche Auftrag:

JEDER FREUND, JEDER MEINUNGSFÜHRER, JEDER IHRER MITARBEITER SOLLTE MIT EINER DEAD-AGENTING-MAPPE VERSORGT WERDEN, DIE BEWEISE GEGEN DIE ÜBLICHEN GERÜCHTE ENTHÄLT (SOWIE BROSCHÜREN UND COACHING, UM DAS VAKUUM ZU FÜLLEN).[42] (Großschreibung im Original, Anm. d. Verf.)

---

42 Office of Special Affairs: INT ED 570, 07.02.1989.

Das Ziel dieser Informationen ist eindeutig: Wenn Argumente gegen Scientology vorgebracht werden, sollen alle in die Lage versetzt werden, diese zu entkräften. Der Hinweis auf Freunde und Meinungsführer deutet unvermissverständlich darauf hin, dass diese Propagandamappen nicht nur an die internen Mitarbeiter gegeben werden sollen, sondern auch an diejenigen, die man außerhalb des Systems für Propagandazwecke benutzen kann. Wahrscheinlich handelt es sich hierbei um die Personen, die bisher aus scientologischer Sicht unkritisch mit der Organisation umgegangen sind oder die Kritik und Berichte von Betroffenen infrage gestellt haben und somit bewusst oder unbewusst zu Lobbyisten der Organisation geworden sind.

Die Mappe ist zur Verwendung durch DSAs (deutsche Bezeichnung der OSA, Department für Spezielle Angelegenheiten, Anm. d. Verf.), Ethik-Verantwortliche, Kapläne, Abteilung-2- und Abteilung-6-Registrare und jegliche andere Mitarbeiter bestimmt, die PTS A-Mitarbeiter und Gemeindemitglieder handhaben, die Entheta-Mitteilungen (Scientologybegriff für kritische Berichterstattung, Anm. d. Verf.) von ihren Freunden, Verwandten oder anderen Personen aus der Öffentlichkeit erhalten haben.

Eine besondere Sorge gilt dabei anscheinend denjenigen, die sich von der Organisation abgewandt haben und nun auf die Idee kommen, Gelder zurückzuverlangen. Denn eindeutig sollen die Linientreuen geschult werden, diese Ansprüche abzuwehren. Die Begründung dafür wird geliefert:

Es ist festgestellt worden, dass ungehandhabte PTS-Situationen ein Hauptgrund für Rückerstattungs- und Rückzahlungsbegehren sind, und einer der Gründe, weshalb eine PTS-Situation manchmal nicht in Ordnung gebracht wird, ist, dass es an Dead-Agenting-Unterlagen fehlt, um die falschen Berichte oder feindlichen Propagandalinien (enemy lines) zu handhaben, die der Person, die PTS ist, von einem antagonistischen Terminal vermittelt werden.

Natürlich wird auch hier jede Anwendung genau vorgeschrieben und umfassende Berichterstattung verlangt. So heißt es unter Punkt 10 in diesem »Handhabungsprogramm«:

> Nach erfolgreichem Abschluss der Handhabung der feindlichen Propagandalinie lassen Sie den Ethik-Beauftragten oder anderen handhabenden Terminal die Person fragen, ob sie gerne ihre Gewinne aus der Anwendung der Tech niederschreiben möchte. ... Schicken Sie Kopien dieser Erfolgsberichte an den DA Officer PR OSA Int. mit einem Durchschlag an Ihren Cont A/PR Aide.

Dies gilt nicht nur innerhalb der Organisation für Mitglieder oder sich lösende Menschen, sondern auch für die bereits genannten Meinungsführer oder ihr Umfeld, wenn von dort kritische Äußerungen oder Handlungen zu befürchten oder bereits eingetreten sind.

Das entsprechende Scientology Personal wird unter Punkt 17 dieser Richtlinie angewiesen, Folgendes zu tun:

> Erstellen Sie eine Liste der Meinungsführer (Opinion Leader) oder der Target Defense-Zielgruppen in Ihrem Umfeld, die falsche Berichte abgegeben oder feindliche Propagandalinien geäußert haben, die bei Ihnen nicht völlig in Ordnung gebracht wurden. Wählen Sie eine Person aus und kopieren Sie den Teil der Dokumentation, die den falschen Bericht oder die feindliche Propagandalinie handhaben würde.

Egal was als Gefahr gewertet wird – sei es der Wunsch eines ehemaligen Anhängers auf Feststellung, dass das scientologische Programm nicht den versprochenen Erfolg gehabt hat, seien es kritische Äußerungen oder Presse –, es gilt, all dies zu unterbinden. Die Erfahrung zeigt, dass alle, die mit der Organisation in Berührung kommen – als Freunde, Verwandte oder beruflich als Journalisten, Weltanschauungsbeauftragte der christlichen Kirchen, in privaten Vereinen engagierte Personen, die sich mit so genannten Sekten oder Psychogruppen befassen, oder staatlich Beauftragte –, es mit nach dieser Anweisung geschulten Scientologen zu tun bekommen. Diese sollen die Kontrolle über die Situation und den Menschen (zurück-)erlangen, um so das scientologische System wieder in Sicherheit zu bringen.

Die Definition der Aufgaben bei der Feindbekämpfung à la Hubbard im *Handbuch des Rechts* erinnert stark an die Überwachungsmaßnahmen in der DDR:

> Nachrichtendienstarbeit ist daher die Tätigkeit, die Daten sammelt und sie summiert, damit wir unsere Freunde von unseren Feinden unterscheiden können, und damit wir in jeder gegebenen Situation die Verursacher des Ärgers herausfiltern können.

Im Verfahren der Scientology Kirche Deutschland e.V. gegen die Bundesrepublik Deutschland, in dem die Scientology-Organisation gegen die Beobachtung durch das Bundesamt für Verfassungsschutz klagt, ist das Verwaltungsgericht Köln bei der Klageabweisung in seiner Begründung auch auf den Umgang mit Kritik eingegangen:

> Ausdruck des menschenverachtenden Weltbildes von Scientology ist es schließlich, dass »unterdrückerische Personen« bzw. »Unterdrücker«, also Gegner von Scientology, durch Zwang entfernt werden (7) bzw. möglichst ruiniert werden sollen (30) und als »Freiwild« bezeichnet werden, das seines Eigentums beraubt, verletzt, hereingelegt, belogen oder zerstört werden darf (31). Zwar ist die sog. Freiwild-Doktrin mittlerweile aufgehoben worden, dies aber allein aus Gründen der schlechten Public-Relations (32). Die Erklärungsversuche von Scientology, nach denen die Freiwild-Doktrin allein auf Rechte innerhalb Scientology bezogen gewesen sei (33, 34), sind nicht nachvollziehbar, nachdem die Freiwild-Doktrin eindeutig auch auf eine Schädigung in der bürgerlichen Sphäre abzielte (»seines Eigentums beraubt, verklagt, verletzt, belogen, zerstört«), was im Übrigen durch Text 30 bestätigt wird.[43]

Das Urteil des Verwaltungsgerichts Köln macht deutlich, dass das Handeln und Denken von Scientology klar gegen

43 Verwaltungsgericht Köln 20K 1882/03, Urteil vom 11.11.2004, S. 33.

das Grundgesetz der Bundesrepublik Deutschland verstößt. Und das tut es nicht zuletzt, indem es auf einem weiteren Grundpfeiler totalitärer Organisation basiert:

> Ein wichtiges Kennzeichen totalitärer Organisationen ist ein in Gut und Böse unterteiltes, simples Menschenbild, das die eigene Gruppe radikal überhöht und die übrigen herabwürdigt. Ein solches Menschenbild widerspricht dem Gleichheitsideal demokratischer Verfassungen, und es liefert die Grundlage einer Rechtfertigung von Gewalt. Bei SC (Scientology, Anm. d. Verf.) findet man ein Menschenbild, das in grotesker, herablassender und verachtender Weise eine gefährliche Trennung zwischen Gut und Böse vornimmt. Das Gewaltpotenzial ist ein bedeutsamer Faktor, der im ideologischen System der SC fest verankert ist.[44]

Den Beweis für diese Radikalität liefert schon die interne Anweisung des PTS/SP-Kurses mit der Überschrift *Die Funktionsfähigkeit der Scientology* erhalten:

> Jetzt werden wir dich zu einem fachmännischen Auditoren machen, was auch immer geschieht. Wir haben dich lieber tot als unfähig.

Von Krankheit, Tod und den erkannten bösen Mächten

Reinwaschung nach Hubbard

»Vor der Sauna musste ich die Pillen einnehmen, zunächst nur wenige, später Hände voll davon. ... Ich erinnere mich an hohe Konzentrationen von Vitamin A, B2, B6, B12, D, C und E. Aber wenn mir schwindlig wurde, wenn die Haut sich rötete – woher sollte ich wissen, ob das von der Sauna gekommen ist oder von den Vitaminen?« Im Juli 1991 schildert eine ehemalige Scientologin in der Zeitschrift Vital ihre Erfahrungen mit dem so genannten »Reinigungspro-

44 Hans-Gerd Jaschke: Fundamentalismus in Deutschland. Gottesreiter und politische Extremisten bedrohen die Gesellschaft. Hamburg, 1998, S. 234ff.

gramm« in Scientology. Wie es sich für eine Fachzeitschrift im Gesundheitsbereich gehört, wird erklärt, welche Auswirkungen hohe Vitamineinnahmen haben können:

> Wie alle Medikamente können auch Vitamin-Präparate in zu hoher Dosierung gesundheitsschädlich wirken. Nach Auskunft einer pharmazeutischen Prüfstelle sind Überdosierungen bei Vitaminen des B-Komplexes »nicht unbedenklich«. Bei Vitamin B 6 sind neurologische Störungen beobachtet worden. Zu den Nebenwirkungen bei Vitamin A und D gehören Sehstörungen, verminderte Konzentration, Übelkeit.

Das Reinigungsprogramm der Scientology-Organisation findet sich sehr früh auf der allein seligmachenden Brücke. Dieser Run-Down besteht aus Laufen, verbunden mit stundenlangen Saunagängen und eben der Einnahme von Vitaminen in immer höherer Dosierung, tagelang, manchmal über Wochen.

Abgeleitet von den Thesen Hubbards, dass alle Drogenrückstände aus dem Körper entfernt werden müssen, damit der Thetan befreit werden kann. Alle Medikamente behindern den Werdegang. Die von ehemaligen Mitgliedern häufig beschriebene Hautrötung während des Saunaaufenthaltes wird intern als Argument benutzt, dass die Ziele erreicht werden. Die Gesundung des Thetans wird also körperlich sichtbar.

Das Reinigungsprogramm als Etappe des persönlichen Weges ist Gesamtbestandteil der Ideologie Hubbards. Der Theorie über die drohende Vernichtung durch die intergalaktischen Feinde entsprechend findet sich in den Kursunterlagen auch die von Hubbard beschriebene Verbindung des Reinigungs-Run-Downs mit dem Atomkrieg. Vorausgesetzt, die Absolventen des Kurses halten sich konsequent an die vorgegebenen Anweisungen, können, so Hubbard, die Scientologen sogar einen Atomkrieg überleben. Wörtlich heißt es bei ihm:

Und das zeigt die interessante Möglichkeit auf, dass in Gebieten, die in einem Atomkrieg schweren radioaktiven Niederschlägen ausgesetzt sind, nur Scientologen ihrer Tätigkeit nachgehen werden.[45]

Eine besondere Bedeutung misst Hubbard dem NIACIN zu, das in gesteigerten Mengen während der Saunagänge einzunehmen ist. Laut eigenen Angaben hat Hubbard die phänomenalen Eigenschaften des NIACIN erforscht und für die Errettung der Menschheit für gut befunden. In der Einleitung zum Reinigungsprogramm unter der Überschrift NIACIN: Geschichtlicher Hintergrund, schreibt er:

Im Jahre 1973 bekam jemand einen Nobelpreis für das Heilen von Geisteskrankheiten mit NIACIN, aber es war ziemlich offensichtlich, dass er nicht wusste, was tatsächlich passierte, denn es wurde sofort wieder fallengelassen, da Leute feststellten, dass fortgesetzte Mengen von NIACIN »sehr schlimme Nebenwirkungen verursachten«. In Wirklichkeit werden die schlimmen Wirkungen verschwinden, wenn man mit der Einnahme von NIACIN weitermacht – und zwar immer zusammen mit den anderen notwendigen Vitaminen in richtigen Mengen. Mit anderen Worten, meine Arbeit auf diesem Gebiet wurde aufgegriffen, falsch angewendet und dann fallengelassen. Das ist der geschichtliche Hintergrund von NIACIN.[46]

Selbstverständlich hat es Hubbard nicht nötig, seine Thesen zu belegen. Außerdem ist davon auszugehen, dass kein Mitglied der Organisation jemals hinterfragt hat, um welchen Nobelpreisträger es sich 1973 gehandelt haben könnte. Faktenprüfung ist unwichtig, die Botschaft ist alles. L. Ron Hubbard ist der Heilsversprecher über die Vitamine. Zwar wird durchaus vor zu hoher Einnahme gewarnt und darauf hingewiesen, dass bestimmte Personen Schwierigkeiten haben, das Programm sofort zu absolvieren, aber die Kernbotschaft bleibt doch eindeutig positiv: Es würden, so Hubbard,

45 L. Ron Hubbard: Die Reinigungs-Run-Down-Serie. Kopenhagen, 1986, S. 3.

46 L. Ron Hubbard: Die Reinigungs-Run-Down-Serie. Kopenhagen, 1986, S. 18.

durch das NIACIN nicht nur hinderliche Substanzen aus dem Körper entfernt, sondern es sei sogar Heilung schlimmer Krankheiten möglich. Die Einnahme von NIACIN könne zwar zunächst sehr unangenehme Folgen haben. Diese gilt es aber zu ignorieren:

… IST ES EINE ERWIESENE TATSACHE – WAS NIACIN BETRIFFT –, DASS DAS, WAS ES EINSCHALTET, ES AUCH WIEDER AUSSCHALTET.[47] (Großschreibung im Original, Anm. d. Verf.)

Ich habe gesehen, wie sich bei einem Fall ein voll entwickelter Hautkrebs einstellte und ausgelöscht wurde. Eine Person kann also damit (NIACIN, d. Verf.) Hautkrebs einschalten, und falls dies passieren sollte, wird, wenn NIACIN weiterhin genommen wird, der Hautkrebs nach und nach vollständig zum Verschwinden gebracht.[48]

In der nach außen gerichteten Darstellung wird selbstverständlich nicht vom Atomkrieg fabuliert und werden keine Heilsversprechen gemacht. Hier wird aufgenommen, was gerade akut bewegt. Unter dem Titel *Lösungen für eine mit Schadstoffen belastete Umwelt* wird versucht zu vermitteln, dass Hubbards Verfahren auch dem Kampf gegen die Umweltverschmutzung dienen kann.

Wem als Ansprache das Thema Umweltschutz nicht genügt, der wird auch damit bedient, dass spirituelle Freiheit durch die scientologische Reinigung erreicht werden kann. Die Zielrichtung ist hier die gleiche: Menschen bei einem auch in der Öffentlichkeit diskutierten Thema anzusprechen und neugierig darauf zu machen, was Hubbard und seine Organisation zu bieten haben.

Da das Reinigungsprogramm fester Bestandteil des Weges in der Organisation ist, ist für alle Scientologen klar, dass es

47 Hubbard, L. Ron: Die Reinigungs-Run-Down-Serie. Kopenhagen, 1986, S. 19.
48 Ebd.

für jeden irgendwann zu absolvieren ist. Also natürlich auch für Kinder und Jugendliche. Darüber, welche gesundheitlichen Gefahren bei der Einnahme der vorgegebenen Medikationsmengen drohen und über eine besondere Gefährdung von Kindern, hat bereits 1986 die chemische Landesuntersuchungsanstalt in Karlruhe berichtet. Als Grundlage hierfür wurden die im Reinigungsprogramm üblichen Dosierungen untersucht. Unter Bezugnahme auf Kommentare zum Europäischen Arzneibuch zur Einnahme von Vitamin A steht in diesem Gutachten Folgendes:

Bei akuter Überdosierung treten als Zeichen eines erhöhten Hirndruckes Kopfschmerzen, Übelkeit und Erbrechen auf. Bei länger andauernder überhöhter Dosierung kommt es zu Schlafstörungen, Appetitlosigkeit, Hautschuppung, Haarausfall, blutenden Rhagaden an Haut und Schleimhäuten, ferner infolge periostaler Schwellungen zu Schmerzen an Knochen und Gelenken. Im wachsenden Körper wird infolge vorzeitigen Epiphysenverschlusses wegen verstärkter Knochenbildung das Längenwachstum gehemmt. Bei Kindern, deren Mütter während der Schwangerschaft überhöhte Dosen des Vitamins einnahmen, wurden Missbildungen beobachtet.

Die Gefahr für Schwangere war sogar Hubbard geläufig. So empfiehlt er, Schwangere nicht mit dem Programm beginnen zu lassen. Stellt sich die Frage, was denn mit den Frauen ist, die erst im dritten Monat ihre Schwangerschaft feststellen und sich seit Tagen im Programm befinden? Die Begründung, warum schwangere Frauen bis nach der Entbindung warten sollten, ist dann auch nicht die mögliche Gefährdung des heranwachsenden Babys durch die hohen Vitamineinnahmen, nein, nach Hubbard sind die nach seiner Theorie in jedem Menschen vorhandenen Gifte, die es herauszuspülen gilt, die Gefährdung. Diese sich lösenden Giftstoffe werden laut Hubbard bei einer schwangeren Frau nicht herausgespült, sondern an den Fötus weitergegeben, die Therapie erfüllt also nicht ihren Zweck.

Zu Vitamin D führt das Gutachten als Gefährdung aus:

> Es kann zum Tod durch Nierenversagen kommen. Begleitsymptome sind Kopfschmerzen, Appetitlosigkeit, Schwächegefühl, Magen-Darm-Störungen.

Aus dem Hauptziel der Behandlung, Rückstände früher eingenommener Medikamente aus dem Körper zu waschen, ergibt sich, dass während der Teilnahme am Programm keine Medikamente eingenommen werden dürfen. Dies kann für einen Menschen, der aus medizinischer Sicht dringend Medikamente einnehmen muss, schnell zum Verhängnis werden. Jeder kranke Mensch hat wohl die Sehnsucht, endlich die Krankheit zu überwinden, gerade wenn die medizinische Forschung bisher kein probates Mittel bereitstellt. Umgeben von zu überzeugten Tätern mutierten Opfern fällt es den Kranken oft leicht, sich überzeugen zu lassen. Die Menschen bei Scientology sind einander zugewandt, glauben an sich und an den persönlichen Erfolg; jedenfalls behaupten sie das. Und sollte jemand Zweifel hegen, so wird er sie dennoch nicht äußern, erst recht nicht jemandem gegenüber, der relativ frisch angeworben ist. Springt dieser womöglich ab, weil er medizinisch verordnete Medikamente einnehmen muss, schadet das dem gesamten Team. Also besteht immer die Gefahr, dass spätestens beim Reinigungsprogramm Medikamente abgesetzt werden.

Wie mühsam es sein kann, ein von Scientology angeworbenes junges Menschenkind wieder davon zu überzeugen, dass es keinen Weg an der Medikamenteneinnahme vorbei gibt, haben Familien erfahren, die aufmerksam waren und ihr Familienmitglied vor größerem Schaden bewahren konnten, weil sie sich Rat holten und Schritt für Schritt das junge Familienmitglied wieder zurückholten. Zurückholten aus der Scientology-Welt, zurückholten zu Ärzten, die die drohenden Auswirkungen durch die Absetzung der Medikamente noch rechtzeitig abwenden konnten. Die Verantwortung bei gesundheitlichen Schäden hätte die Scientology-Organisation abgelehnt. Denn nach ihrer Lehre ist der Einzelne verantwortlich und niemals die handelnden Personen in der Organisation oder gar die vermittelte Ideologie.

Der Thetan verlässt den Körper

Scientologen sterben – wie alle Menschen. Einige früher, andere später. Über Todesfälle und vor allem die Art des Todes dringt eher selten etwas an die Öffentlichkeit. In einem langen Gespräch mit einer ausgestiegenen Scientologin berichtete diese, dass sie während ihrer Zeit in der Eliteeinheit Sea-Org in Clearwater/Florida die Aufgabe hatte, die Todesfälle in Scientology aufzulisten und herauszubekommen, ob von den Verwandten Schwierigkeiten zu erwarten seien oder nicht. Die Bestätigung eines solchen Dienstpostens, der sich Tag für Tag statistisch und menschlich mit Todesfällen zu befassen hat, ist in den Schriften zwar nicht zu finden, aber warum sollte sie aus ihrer Zeit in der Sea-Org darüber berichten, wenn sie es nicht getan hätte?

Außerdem kursieren im Internet tatsächlich lange Listen von verstorbenen Scientologen, und die Vermutungen überschlagen sich, dass doch viele noch am Leben sein könnten, wenn sie sich einer ordentlichen medizinischen

Versorgung bedient hätten. Auch relativ hohe Selbstmordraten während der aktiven Zeit oder kurz nach dem Ausstieg wollen in der Diskussion nie richtig verstummen. Insofern ist ein Interesse der Organisation an rechtlicher Absicherung gegen eventuelle Vorwürfe durch frühzeitige interne Recherche stark anzunehmen.

Scheinbare »Beweise« für die Vermutung, bei Verinnerlichung der Ideologie sei der Ausbruch einer Krankheit nicht möglich, mögen viele daran hindern, außerscientologische medizinische Hilfe in Anspruch zu nehmen. Warum auch? Sind doch die ausgebildeten Auditoren in der Lage, zum Beispiel selbst Leukämie zu heilen, denn Leukämie wurde »erfolgreich mit Dianetik behandelt«.[49] Hinzu kommt das übernommene Feindbild von außerscientologischen Behandlungsmethoden.

In einer wissenschaftlichen Studie zu Nutzen und Risiken bei Scientology werden folgende sozialpsychologische Maßnahmen als besonders problematisch bewertet:

- die Abwertung von Familienmitgliedern und Freunden (88,9%)
- den Aufbau eines Feindbildes außerhalb der Anbieterorganisation (84,2%)
- das Drängen, die bisherige Lebensführung zu ändern (72,2%).

Bei der Auswertung der Daten zu Scientology (die Studie hatte Vergleichsanbieter in die Bewertung mit einbezogen) kommen die Wissenschaftler zu folgendem Schluss:

49 The Journal of Scientology, Ausgabe 15-G, ca. Mai 1953.

Zusammenfassend kann man sagen, dass sieben der acht stark riskanten Methoden bezüglich des sozialen Umfeldes bei Scientology vorkommen. Außerdem kommen noch zwei weitere Methoden hinzu, die sich aber direkt auf die Person des Teilnehmers beziehen (Aufbau bzw. Verstärkung von Ängsten und die Abwertung von Überzeugungen und Wertvorstellungen).[50]

Bei derartig riskanten Eingriffen in die Denk- und Verhaltensstruktur von Menschen überraschen dann die in der Studie beispielhaft geschilderten Fälle bei auftretenden Krankheiten kaum noch:

Fall 3 – Scientology

Der Befragte hat erlebt, dass es bei einer 50- oder 60-jährigen Frau während der Teilnahme an einer Veranstaltung der Anbieterorganisation zu einer Erkrankung kam, die von der Anbieterorganisation wie vom Befragten als »Panikattacke« bzw. »Schock« beurteilt wurde. Die Anbieterorganisation gab an, sie könne diesen Zustand beheben. Die Frau verließ daraufhin den Kurs und fuhr auf Weisung der Organisation von Kopenhagen nach Deutschland. Die Betroffene war zu dieser Zeit körperlich nicht in der Lage, sich selbst andere Hilfe zu verschaffen. Auch die Anbieterorganisation selbst sorgte nicht für medizinische Hilfe. Vielmehr wurde der Betroffenen abgeraten, medizinische Hilfe in Anspruch zu nehmen. Mit dem Hinweis, sie habe unterschrieben, nur mit Genehmigung der Organisation zum Arzt zu gehen, wurde sie sogar aktiv daran gehindert.[51]

Werden Todesfälle bekannt, geschieht dies zumeist durch die Familienangehörigen. Insbesondere dann, wenn der Tod relativ plötzlich auftritt. Regelmäßig taucht dann die Frage auf, ob der Mensch noch leben könnte, wenn er sich rechtzeitig gelöst und in medizinische Behandlung begeben hätte.

Ende der 1990er-Jahre stirbt in Bayern ein 43-jähriger Mann unerwartet. Die Familie kann sich seinen plötzlichen, frühen Tod nicht erklären. Wie stark er eingebunden war in

---

50 Heinrich Küfner/Norbert Nedopil/ Heinz Schöch: Gesundheitliche und rechtliche Risiken bei Scientology. Lengerich, 2002, S. 68.

51 Ebd., S. 130.

die Scientology-Welt, macht die Schilderung von Angehörigen in einer Rundfunksendung deutlich:

Im Frühjahr 1997 wird im Fernsehen eine Reportage über den mysteriösen Tod der amerikanischen Scientologin Lisa McPherson gezeigt: Offenbar wollte sie aus der Organisation aussteigen, bevor sie mit ihrem Auto einen Auffahrunfall verursachte. Anschließend kommt sie in das Hauptquartier Scientologys in Clearwater/Florida. Dort bleibt sie 17 Tage, bis sie tot in ein Krankenhaus eingeliefert wird. Der Obduktionsbericht ergibt, dass die 36-Jährige regelrecht verdurstet ist und mehrere Tage vor ihrem Tod im Koma gelegen hat. Von den Scientologen wurden ihr hoch dosierte Vitaminpräparate verabreicht. K., der wenige Zeit später Verstorbene, reagiert auf diesen Film wie folgt, so berichten die Angehörigen:

> Meine Mutter hat ihn angesprochen, während die Reportage lief: Schau dir das mal an, was da Sache ist, was da los ist – und er hat sich furchtbar amüsiert, er hat gelacht, er hat nur noch gelacht und gesagt, was die Medien machen, ist eine himmelschreiende Ungerechtigkeit, so etwas ist nie passiert; es wird alles nur aufgebauscht, man will so die Scientology fertigmachen, und das ist offensichtlich alles nur gespielt, das Ganze, und so einen lustigen Film habe ich schon lange nicht mehr gesehen. So hat er reagiert.[52]

Nur wenige Wochen später ist er selbst tot. Wie er die letzten Tage seines Lebens verbringt, ist nicht aufgeklärt worden, aber er war für Scientology unterwegs. Er hatte wohl den Auftrag, Mitglieder der Organisation zu einer Demonstration zu fahren. Er verursacht einen kleinen Unfall, ob er dabei verletzt wird, geht aus den Protokollen nicht hervor. Der Unfall hindert ihn jedenfalls nicht daran, nach Stuttgart zu fahren. Im Hotel dann wird bemerkt, dass es ihm gesundheitlich schlecht geht, und die Scientologen behaupten, man habe ihn

---

52 O-Ton, Sendeprotokoll: Tod eines Scientologen, 11.3.1998.

nach Berlin zurückgebracht. Immerhin wird irgendwann ein Notarzt gerufen, dieser musste ihn beatmen und hat ihn in ein Krankenhaus einliefern lassen. Kurz darauf Koma, nach drei Wochen verstirbt er. Die Familie stimmt einer Obduktion zu, da die Ärzte ratlos sind. Dort wird festgestellt, dass seine Organe in einem sehr schlechten Zustand waren. Also ein natürlicher Tod, aber es deutet alles darauf hin, dass K. davon überzeugt war, dass die Scientology ihn vor Krankheiten schützen kann. Er war selbstständig, hatte keine Krankenversicherung, warum auch, wenn man nicht mehr krank werden kann. Kaum noch erwähnenswert, dass die Scientology-Organisation selbstverständlich nach der Berichterstattung über den Tod ihres Mitglieds aus Berlin sofort klarstellt, dass sie nichts mit dem Todesfall zu tun hat. Wie immer.

Und es sind weitaus mehr Todesfälle bekannt geworden, die zumindest Fragen aufwerfen. So wird ein Mitglied der Organisation in seiner Wohnung in Kiel aufgefunden, und nach allem, was die Unterlagen hergeben, ist er an Krebs gestorben. Er hatte sich eine eigene Existenz mit einer Fahrschule aufgebaut. Das Geld reichte hinten und vorne nicht. Dass er krank war, wusste er wohl. Auch welche Krankheit er hatte. Die Familie kam schon lange nicht mehr an ihn heran. Hätte ihn eine klassische Krebsbehandlung länger leben lassen? Die Antwort darauf hätten nur Ärzte geben können, doch die hat er wohl nicht mehr konsultiert. Der einzige ausgebildete Arzt, der mal bei ihm zu Hause gewesen sein soll, ist selbst als langjähriger Scientologe bekannt, eine Praxis führt er offenbar schon lange nicht mehr. Der kassenärztlichen Vereinigung ist er auch als Mitglied nicht geläufig. Stattdessen tritt er auf als verantwortlicher Scientologe für eine der Untergliederungen und meldet für diese auch gelegentlich Informationstische bei der Stadt an – oder versucht es zumindest. Nicht immer mit Erfolg. Aber auch diese Person kann nicht für den Tod zur Rechenschaft gezogen werden, denn niemand weiß, wie genau er seinen Scientologenfreund beraten hat. Sicher ist nur: Der Mann ist gestorben, und eine Antwort, ob er auf die Frage, ob er wegen seiner übernommenen scientologischen Überzeugung so gehandelt hat, ist nicht mehr zu bekommen.

Im Jahr 2006 kehrt eine angesehene Scientologin aus dem Mekka der Scientology, aus Clearwater/Florida, zurück nach Hamburg. Sie war mit einem Mitglied der Organisation verheiratet, Aktivitäten zur Expansion sind dokumentiert, und sie war schon ziemlich lange dabei. War, denn sie ist tot. Kurz nach der Rückkehr aus den USA findet man sie tot im Auto. Über das Warum wird es keine Auskunft mehr geben, aber ein paar Fragen tun sich auf: Eine Scientologin, schon über die Stufe »clear« weit hinaus, operierender Thetan, angesehen in der Organisation, bringt sich im Auto mit Hilfe von Medikamenten und Autoabgasen um? Wie verzweifelt muss sie zurückgekehrt sein aus den USA, um diesen Schritt zu gehen? Bei der Obduktion werden an der Kopfhaut nicht erklärbare Punkte gefunden. Über den gesamten Kopf verteilt. Die Todesursache ist damit nicht verbunden. Die Gerichtsmediziner sind sich unschlüssig, woher die Wunden stammen. Aber Schmerzen muss sie gehabt haben.

Für Scientology wird auch dieser Tod eine schlüssige Erklärung finden, die dann intern verbreitet wird. Denn schließlich stirbt man nicht in Scientology, sondern der Thetan verlässt lediglich den Körper. Also alles gut: Die Betroffene wird sich danach irgendwann einen neuen Körper suchen und ihren Weg zur Rettung des Universums fortsetzen können. Nur diese Todesart wird ihrem Thetan nicht gut bekommen, sodass sie mit dem neuen Körper wohl sehr schnell das Reinigungsprogramm beginnen muss, denn schließlich ist der durch den körperlichen Tod befreite Thetan durch die Medikamente und Auspuffabgase verunreinigt ...

Kampf den Drogen

Es klingt erst einmal nach Kampagnen von politischen Parteien: Kampf den Drogen, Kampf der Kriminalität. Erst die dritte Verkündigung, man wolle eine Welt ohne Geisteskrankheit schaffen, wird gegebenenfalls bei der nicht-scientologischen Welt Skepsis auslösen.

Um diese zu unterbinden, gibt es Teilorganisationen, die ein vermeintliches soziales Engagement vorgaukeln und natürlich darüber den aktiven Scientologen des Gefühl vermitteln, die erlernten, verinnerlichten Lehren und Zielrichtungen können in die Tat umgesetzt werden.

Der Anti-Drogen-Kampf hat verschiedene Gesichter. In der Werbebotschaft *Was ist Scientology?* liest es sich so: »Die örtlichen Scientology-Kirchen etablieren und beaufsichtigen Anti-Drogen-Projekte, denen sich dann einzelne Scientologen anschließen.« Das klingt doch wirklich nach sozialem Engagement. Ein neueres – nach Angaben der Organisation seit 1993 bestehendes Programm – mit dem Namen »Lead the Way« bindet auch Kinder in die Propagandamaschinerie mit ein. Es werden zwischen sechs und 13 Jahre alte Kinder zu »Marshals für Drogenfreiheit« ernannt, die einen Schwur leisten müssen. Unter anderem beinhaltet dieser Schwur, dass den eigenen Familien und den Freunden zu helfen ist, ein drogenfreies Leben zu führen. Klingt zunächst nach einer guten Idee. Doch der Begriff »Drogen«

im scientologischen Sprachgebrauch wird vom englischen Wort »drugs« abgeleitet und beinhaltet, wie bereits erläutert, im weiteren Sinne auch Medikamente.

In der Außendarstellung wird allerdings auf das Verständnis von Drogen in der nicht-scientologischen Welt abgezielt. Wenn die zu verteilenden Werbebroschüren sich mit Heroin, Kokain, LSD, aber auch Alkohol befassen, ist es leichter, Menschen für seine Sache zu gewinnen. Als durchaus werbewirksam hat sich eine Kampagne erwiesen mit dem Namen: »Sag nein zu Drogen, sag ja zum Leben.« Unter diesem Namen wurden auch in Deutschland Vereine gegründet. Wird offenkundig, dass hinter den vermeintlich aufklärerischen Aktivitäten dieser Vereine Scientology steckt, kaschiert die Organisation ihre wahren Beweggründe schnell mit der Erklärung, dass zwar Scientologen diese Aktion ins Leben gerufen haben und auch Scientologen mitarbeiten, aber die Gesamtorganisation nichts damit zu tun habe. Eine häufig wiederkehrende Argumentation, wenn kritische Fragen gestellt werden.

Lässt sich jemand von den Werbebotschaften anlocken – wahrscheinlich mit den besten Absichten –, wird er schnell begreifen, dass er nicht einfach einer Gruppe beigetreten ist, die sich um Drogenprobleme kümmert. Der Weg führt unmittelbar in die Organisation und in das Kurssystem, in dem dann vermittelt wird, wie eine Welt ohne Drogen nach scientologischer Auffassung aussieht. Und ehe man sich versieht, hat man auch schon mit dem eigenen Reinwaschungsprozess begonnen, denn ...

Was kosten uns also die Kopfschmerztabletten, die Schlaftabletten, die Schmerzstiller, die Anti-Depressiva, die unsere Medizinschränke füllen? Was kosten uns die Amphetamine, die unsere Schulkinder zu Drogenabhängigen machen? Was kosten uns die Betäubungsmittel, die konsumiert werden, um uns eine schmerzfreie Existenz vorzugaukeln? Was kosten uns die Freizeit-Drogen, die eine Flucht aus der Langeweile des Überflusses versprechen? ... Auf unserer Erde tobt ein Drogenkrieg unermesslichen Ausmaßes. L. Ron Hubbard hat das Drogenproblem erkannt, lange bevor es ein internationales Anliegen wurde, und einen Weg ausgearbeitet, auf dem wir gehen können. ... Seine Technologie ist die Waffe, mit der dieser Krieg gewonnen werden kann.[53]

Veröffentlichungen zu Medikamenten und Drogen der Organisation sind durchgängig von Horrorszenarien der (angeblichen) Auswirkungen auf den Menschen begleitet. Da wird auch schon mal behauptet, dass bereits Hustensaft der Einstieg in eine Drogenkarriere sein kann. Vor allem gibt es aber eine Auffälligkeit: der hergestellte Zusammenhang zwischen Medikamentenvergabe und der »geistigen Freiheit« bzw. der »Geisteskrankheit«. Da nach Hubbard die Welt im Chaos versinkt und nicht in der Scientology befindliche Menschen »aberriert« sind, ist die Verabreichung von Medikamenten die Methode der geistig umnachteten nicht-scientologischen Welt, um diesen Zustand aufrechtzuerhalten. Denn Nicht-Scientologen sind unfähig, die »wahren« Ursachen der Zustände der Menschheit zu erkennen.

Dementsprechend bedeutet »Aberration«:

... ein Abweichen vom vernünftigen Denken oder Verhalten. Im Wesentlichen bedeutet es, sich zu irren, Fehler zu machen oder genauer, fixe Ideen zu haben, die nicht wahr sind. ... Aberration ist geistiger Gesundheit entgegengesetzt, die ihr Gegenteil wäre.[54]

Den scientologisch Unwissenden, den geistig Kranken, denjenigen, die den wahren Weg nicht erkennen oder erkennen

53 http://wasist.scientology.de/Html/Part03/Chp09/pg0213.html

54 New Era Publications International (Hrsg.): Was ist Scientology? Kopenhagen, 1998, S. 684.

wollen, ist dann – so die Propaganda – auch zuzuschreiben, was an Gewalt und Elend passiert.

Einige Medikamente stehen im besonderen Fokus der Organisation. In den ideologischen Kontext eingepasst, überrascht es nicht, dass es sich dabei im Schwerpunkt um Psychopharmaka handelt. So werden die Medikamente Prozac oder auch Ritalin pauschal als Psychodrogen deklariert. Wie üblich mit einem vermeintlich wissenschaftlichen Anspruch werden in Veröffentlichungen Untersuchungen zitiert, die die angeblichen negativen Auswirkungen der Medikamente belegen sollen. Von den Formulierungen her kann sich bei dem unbedarften Leser oder der Leserin der Eindruck festsetzen, dass hier nun eine Organisation am Werk ist, die endlich die schädlichen Auswirkungen von bestimmten Medikamenten offenlegt. Denn immer wieder spielen in der Öffentlichkeit Diskussionen über zu schnelle Vergabe von Medikamenten oder nicht genügend erforschte Medikamentenvergabe eine Rolle. Außerdem ist dieses Thema gut geeignet, Ängste und Verunsicherung hervorzurufen.

Darauf zielt die Öffentlichkeitsarbeit der Scientology-Organisation im so genannten Kampf gegen Drogen ab. »Mit Ritalinmissbrauch werden auch psychotische Episoden und Gewalttätigkeit in Verbindung gebracht«, heißt es zum Beispiel in einer Broschüre der Kommission für Verstöße der Menschenrechte in der Psychiatrie (KVPM) aus dem Jahr 2000. Der Titel des Beitrags lautet *Skrupellose Kids – Psychiatrische Drogen verursachen Gewalt.*

Die Erklärung des derartig aggressiven Umgangs mit Medikamenten und bestimmten Fachärzten wie Therapeuten und Psychiatern geht mal wieder auf die »Forschungen« von L. Ron Hubbard zurück. Sie wird allerdings nach außen eher nicht verbreitet. Die Schriften, die zu den im System zu verinnerlichenden Thesen führen, stammen nach allem bisher bekannt gewordenen Hintergrundmaterial aus den 1950er- oder 60er-Jahren. Es spricht vieles dafür, dass sich Hubbard oder sein Umfeld in den Anfangsjahren auch mit den Praktiken von staatlichen Geheimdiensten, die unter dem Stichwort »Gehirnwäsche« diskutiert wurden, auseinandergesetzt und möglicherweise für sein Theoriegebäude als nützlich erkannt hat. Anscheinend haben ihn da besonders die den sowjetischen Institutionen zugeschriebenen Methoden angesprochen:

Die Broschüre trug den Titel *Gehirnwäsche* – eine Synthese des russischen Lehrbuches über Psychopolitik, und eine Fassung wurde »als Dienst der Scientology-Kirche an die Öffentlichkeit« herausgegeben (Hubbard wahrscheinlicher Autor, 1955, Umschlag Rückseite.). Die Einleitung ist angeblich eine Rede des berühmten Leiters der sowjetischen Geheimpolizei, Lawrentij Berija, an »amerikanische Studenten der Lenin Universität« darüber, wie man Gesellschaften unterminiert, indem man unter dem Deckmantel der »psychischen Heilung« auf Bevölkerungsgruppen »Psychopolitik« anwendet ... Jedenfalls schrieb Hubbard über die »Gehirnwäsche«-Broschüre an seine Anhänger ... und behauptete, dass die Auditoren, »ohne Verständnis der grundlegenden Philosophie des Gehirnwäschers«, Schwierigkeiten beim Umgang mit Klienten haben werden, die man diesen Verfahren unterzogen hatte.[55]

Der Begriff Psychopolitik findet sich in der internen Literatur immer mal wieder, und auch Scientologen, wie beispielsweise ein baden-württembergisches Mitglied, veröffentlichen unter genau diesem Stichwort ganze Broschüren mit der Botschaft, dass die ganze Welt seit kaum bezifferbarer Zeit diesen Methoden der Gehirnwäsche unterzogen sei und sie dies daran hindere, eine gesunde Zivilisation zu errichten und zu gestalten. Den so verblendeten, kranken

55 Stephen A. Kent: Gehirnwäsche im Rehabilitation Project Force (RPF). Hamburg, 2000, S. 15.

Gesellschaften überall auf diesem Globus gelte der Kampf. Aus den »Forschungsergebnissen« des Gründers wird dann der Absolutheitsanspruch der eigenen Organisation abgeleitet und das eigene Endziel definiert:

> Darin liegt also der totale Sieg über jede unterdrückerische Gruppe oder Gesellschaft. Nicht darin, sie fertigzumachen – sie sind schon sehr eifrig beschäftigt, das selbst zu tun –, sondern sie nur in dem Ausmaß zu handhaben, damit sie stillhalten, damit wir ihnen eines Tages mit den richtigen Run-Downs beikommen können.[56]

Kampf der Psychiatrie

Mit der Definition von geistiger Gesundheit, die es in Gesellschaften zu erreichen gilt, und der Unterstellung, gesellschaftliche Gruppen und Regierungen würden sich politisch der psychischen Manipulation von Menschen bedienen, befand und befindet sich Hubbard heute mit seiner Organisation mitten in politischen Debatten unterschiedlicher Coleur. Politischen Gegnern oder Kritikern einer Ideologie klares Denken abzusprechen und damit die Überhöhung der eigenen Ideologie zu rechtfertigen, ist nicht neu. Ebenso wenig die Diskussion um tatsächliche oder vermeintliche Missstände in psychiatrischen Institutionen oder bei ambulanter Behandlung von psychisch Kranken.

Außerdem lässt sich die Angst vieler Menschen vor psychischen Erkrankungen gut für die eigene Propaganda nutzen. Die bis heute bestehende gesellschaftliche Tabuisierung vieler psychisch bedingter Krankheiten tut ein Übriges. Sich dieser Thematik in der Öffentlichkeit kritisch zu nähern und

56 Landesamt für Verfassungsschutz Baden-Württemberg (Hrsg.): Der Kampf der Scientology-Organisation um die Anerkennung der Gemeinnützigkeit in den USA und seine Auswirkungen auf Deutschland. Stuttgart, 2004, S. 10.

als Verfechter von Lösungen zu positionieren, ist nicht unbedingt innovativ. Hubbard ist bei Weitem nicht der Erste, der dies getan hat;

> Die antipsychiatrischen Autoren mit der größten Popularität in der linken Studentenbewegung Westeuropas waren die Briten Ronald Laing und David Cooper, der Amerikaner Thomas S. Szasz und der Italiener Franco Basaglia.
>
> Laing und Cooper hatten unter Berufung vor allem auf Karl Marx und Jean Paul Sartre Geisteskrankheit zu einem Produkt des krankhaften Charakters von Familie, Gesellschaft und kapitalistischem Staat erklärt. Cooper, der sich selbst als »Anti-Psychiater« bezeichnete und diese Bezeichnung ausdrücklich als ideologischen Kampfbegriff einführte, rechnete die klinische Psychiatrie zu den Ordnungsinstrumenten des repressiven Staates (wie Justiz, Armee und Polizei). Die Antipsychiatrie sei ein wichtiger Faktor im Kampf gegen die kapitalistische Gesellschaft und ihre krankmachenden Beziehungsstrukturen. ... Mit der Auflösung der Unterdrückungssysteme würden schizophrene Psychosen von allein verschwinden.[57]

Hubbards Jünger befinden sich bis heute in einem solchen Kampf wie die damalige linke gesellschaftskritische Bewegung. Die Argumente von damals und die Propaganda von Scientology heute gegen die Psychiatrie sind nahezu identisch. Und benannter Thomas S. Szasz wird in vielen Broschüren von der entsprechenden scientologischen Einheit zitiert und gefeiert.

Die Bedeutung, die dem Stichwort »Psychopolitik« und dem nach Hubbards Auffassung geistig minderbemittelten Teil der Menschheit und deren »Verführung« durch die Psychiatrie beigemessen wird, nach innen wie nach außen, wird schon dadurch dokumentiert, dass es einen festen Bestandteil im Gesamtsystem dafür gibt, der sich einzig und allein mit dieser Thematik beschäftigt. Die Abkürzung CCHR steht in den deutschsprachigen Werken für »Bürgerkommission für

57 Sonja Süss: Politisch missbraucht, Psychiatrie und Staatssicherheit in der DDR. Berlin, 2000, S. 33f.

Menschenrechte«. Öffentlich tritt sie als »Kommission für Verstöße der Psychiatrie gegen Menschenrechte (KVPM)« immer wieder mit massiven »Informationsangeboten« in allen deutschsprachigen Städten auf. Die Begründung, warum diese Institutionen entstanden, bezieht sich einzig und allein auf die benannten politisch motivierten Gründe zur geistigen Gesundheit, und auch das Gründungsjahr passt in die Diskussion der 1960er-Jahre.

Seit der Gründung der Scientology-Kirche haben sich ihre Mitglieder den brutalen Behandlungen, kriminellen Praktiken und Menschenrechtsverletzungen, die im Gebiet der geistigen Gesundheit alltäglich sind, unerschütterlich entgegengestellt. 1969 von der Kirche ins Leben gerufen, wurde die Bürgerkommission für Menschenrechte (CCHR) eine wirksame Kraft für Veränderungen auf diesem Gebiet.[58]

Kamen die Anti-Psychiatrie-Theoretiker auch nicht aus Deutschland, war die Diskussion, die im Zusammenhang mit den Verbrechen der Nazis gegen psychisch Kranke, geistig Behinderte und Zwangssterilisierte stand, ein Verdienst der damaligen Studentenbewegung. Die Bundesrepublik Deutschland war während der 1950er- und 60er-Jahre sehr auf Verdrängung ausgerichtet, und das, was heute erwiesen ist, fand damals keine Basis.

Ein Teil der 1940 und 1941 in den psychiatrischen Tötungsanstalten »erprobten« Angestellten und Vergasungsanlagen sind anschließend zum Aufbau der Vernichtungslager Belzec, Sobibor und Treblinka im besetzten Polen weiterverwendet worden. So gab es personelle, technologische und administrativ-organisatorische Kontinuitäten zwischen den Krankentötungen in Deutschland und dem Völkermord an den europäischen Juden.

Viele Täter blieben ungestraft, es gab sogar skandalöse gerichtliche Absolutionen für erwiesene Krankenmörder und beachtliche Karrieren von Belasteten. … Das Entsetzen über die mörderische Vergangenheit der deut-

58 New Era Publications International (Hrsg.): Was ist Scientology? Kopenhagen, 1998, S. 357.

schen Psychiatrie, die Empörung über den ignoranten Umgang der deutschen Nachkriegsgesellschaft damit, die NS-Täter-Opfer-Konstellationen beispielsweise in Begutachtungssituationen nicht selten reproduzierten, und das erstmals öffentlich artikulierte Misstrauen gegen die deutsche Psychiatrie als Ganzes waren Faktoren, die die Psychiatriekritik im Umfeld der westdeutschen Studentenbewegung mitbestimmten.[59]

Die Verbrechen Nazi-Deutschlands durchziehen die Anti-Psychiatrie-Kampagnen der Scientology-Organisation, respektive die Veröffentlichungen der zuständigen Einheit, der Kommission für Verstöße der Menschenrechte in der Psychiatrie. *Das Vermächtnis der Nazis* heißt eine Überschrift in einer Broschüre. In einer anderen wird Thomas Szazs mit den Worten zitiert:

Die Psychiatrie ist wahrscheinlich diejenige Kraft, die in den letzten fünfzig Jahren die größte Zerstörung in der Gesellschaft angerichtet hat. Thomas Szasz, M.D. 1993.[60]

Ein ganzes Buch, finanziert von der International Association of Scientologists (IAS) – eine der höchsten Einheiten der Organisation, wie es im Buch heißt –, herausgeben von den Scientologen Dr. Thomas Röder und Volker Kubillus, mit dem Namen *Die Männer hinter Hitler* stellt sogar die Verbindung zu den angeblich auch heute noch aktiven bösen Mächten her. Schon der Untertitel auf dem Umschlag suggeriert, dass Hitler wohl gesteuert wurde von den Bösen. Dort heißt es: »Wer die geheimen Drahtzieher hinter Hitler wirklich waren … und unter welchem Deckmantel sie noch immer unter uns weilen …«

Dass Scientology sich so massiv mit der Psychiatrie beschäftigt, liegt natürlich an Hubbards intergalaktischer

59 Sonja Süss: Politisch missbraucht, Psychiatrie und Staatssicherheit in der DDR. Berlin, 2000, S. 42 f.

60 KVPM: Psychiatrie betrügt Kinder und setzt sie unter Drogen. Stuttgart, 2000, S. 24.

Weltraumfantasie um Xenu, der ja, wie wir wissen, all unsere Thetane manipuliert hat. Wer dies bezweifelt, ist sicher selbst ein Jünger Xenus.

Doch insbesondere im politischen und kulturellen Umfeld bedarf es weniger interterrestrischer Strategien, um die Botschaften zu vermitteln und möglichst im gleichen Zuge die Kritiker mundtot zu machen oder zumindest zu erschweren, dass sie mit ihren Aufklärungsversuchen an entscheidenden Stellen durchdringen. Eine solche Initiative wurde zum Beispiel in den 90er-Jahren auch der breiteren Öffentlichkeit in Deutschland als internes Programm der Organisation bekannt. Es trägt den Titel »Snow White«-Programm. Insbesondere hochrangige ehemalige Mitglieder aus den USA, denen dieses Programm bekannt war, halfen bei der Interpretation über die Bedeutung dieser in den USA entwickelten Vorgehensweise.

Grundlage für die Handlungsanweisungen der in diesem Bereich zuständigen Scientologen waren Definitionen über »Ruin«-Punkte, also gesellschaftlich diskutierte Fehlentwicklungen oder Schwachpunkte, in den verschiedenen Ländern der Welt. Ziel war (und ist) es, damit die Stimmung gegen die politisch wirkenden Kräfte anzuheizen und mit Kampagnen eventuell geplante kritische Auseinandersetzungen mit der Scientology-Organisation zu verhindern oder umzusteuern. Zuständig für diese Aktionen war der Vorläufer des heutigen Office of Special Affairs, das Guardian Office (GO), der Geheimdienst der Organisation.

Für Deutschland wurde im Rahmen dieses »Snow White«-Programms unter dem Stichwort »Project Coal« die Anweisung Nr. 732 des Guardian Office vom 20. April 1973 bekannt:

Die Bundesrepublik Deutschland ist besonders empfindlich, wenn es um

Beschuldigungen im Hinblick auf Völkermord geht, da das Verhalten der Nazis gegenüber den Juden den Impuls für die Konventionen lieferte. Das Land strengt sich an, um seinen Ruf als Verbrecher loszuwerden. Dieses ist eine Form der Politik.

a. Koordinieren Sie alle Aktionen mit dem GO und operieren Sie nur durch das GO. Ein Verfahren ist bereits im Gange.

b. Benutzen Sie vorhandene Rechtsanwälte, finden Sie heraus, welche Gesetze in Deutschland zu beachten waren, um die Völkermordkonvention durchzusetzen, wer sie unterschrieb und ratifizierte.

c. Setzen Sie alles daran, durch Vorladungen in laufenden Prozessen und anderen legalen Auseinandersetzungen jegliche Akten und Dossiers bezüglich Scn (Scientologen) oder ihrer Führer zu erhalten.

e. Fertigen Sie einen groben Entwurf einer Petition an, um in Erfahrung zu bringen, welche Behörden in Deutschland in die Gesetzgebung unter b) einbezogen waren. Dies umfasst sowohl alle Referenzen und Dokumente als auch den bona-fide Status von Scn. Führen Sie jeden auf, der die Konventionen übertreten hat, Schulddokumente, die die Verletzung der Klausel belegen.

f. Lassen Sie den Anwalt den Rest machen.

h. Nutzen Sie jegliche Vorteile.

i. Falls Sie nicht wirklich Erfolg haben, stellen Sie sicher, dass alle Möglichkeiten ausgeschöpft werden, gehen Sie vor die UN und die EU-Kommission.

j. Dies wirkt wie ein Abschreckungsmittel in Bezug auf weitere Angriffe. [61]

Diese Kampagnenvorgabe wird bis heute umgesetzt. Sobald sich in der Bundesrepublik Deutschland einzelne Personen, Behörden oder Regierungsstellen in Bund und Ländern kritisch mit dem System Scientology auseinandersetzen, kommt die Diskussion um mögliches Nazigedankengut bei einzelnen Menschen hoch, oder die Politik wird praktisch in die Folge der Schreckensherrschaft der Nazis gerückt. Besonders deutlich wurde diese Strategie weltweit, als in

61 Landesamt für Verfassungsschutz Baden Württemberg (Hrsg.): Der Kampf der Scientology-Organisation um die Anerkennung der Gemeinnützigkeit in den USA und seine Auswirkungen auf Deutschland. Stuttgart, 2004, S. 14.

den 1990er-Jahren die Organisation in US-amerikanischen Zeitungen große Anzeigen schaltete, in denen die damalige bundesdeutsche Politik bezichtigt wurde, die Mitglieder der Scientology-Organisation zu verfolgen wie die Nazis die Juden verfolgt hatten.

Auch die Formulierungen in den 1973 erlassenen Anweisungen des GO, dass bei erkennbarem mäßigem Erfolg der Umsetzung der Gesamtstrategie Institutionen wie die Vereinten Nationen (UN) angerufen werden sollen, werden weiter befolgt. Insbesondere nach der Erteilung des Status der Gemeinnützigkeit für Scientology in den USA Anfang 1993 unter der Clinton-Ära findet sich die Bundesrepublik Deutschland regelmäßig neben anderen kritisch gegenüber der Organisation eingestellten europäischen Ländern wie Frankreich oder Belgien in den Berichten des US-Kongresses wegen angeblicher religiöser Diskriminierung von Scientology-Mitgliedern wieder.

Die aus der öffentlichen Aufmerksamkeit resultierende Sonderstellung Scientologys hat nebenbei auch Effekte nach innen, auf die eigenen Mitglieder. Das verbindende Gefühl, zu einer verfolgten und gefährderten Gruppe zu gehören, deren Daseinsberechtigung und Wissensvorsprung die verblendete, kranke Welt nicht erkennen will, kann zum innerscientologischen Elitedenken durchaus beitragen. Gezielt wird daher in Veröffentlichungen der obersten Führung dieser Aspekt immer wieder betont. So zum Beispiel in einem Sonderbericht zum 15-jährigen Bestehen der International Association of Scientologists (IAS) aus dem Jahr 1999. Dort heißt es:

> In Kanada und Deutschland wurden tückische Razzien auf unsere Kirchen verübt, die an die völkermörderischen Übergriffe auf Religionen in »weniger informierten« Zeiten und Gesellschaften erinnerten.

Nicht nur im Hinblick auf Diffamierung von Personen oder politischen Informationskampagnen führt Scientology seine Anti-Psychiatrie-Theorie als Begründung an. Bei jedem schrecklichen Ereignis überall in der Welt behaupten die Scientologen grundsätzlich, dies habe etwas mit den bösen Psychiatern zu tun. Ganz besonders ausgetüftelt war ihre Theorie beim Kosovo-Konflikt. Die hier als Verantwortliche ausgemachten »kriminellen Psychiater«, so die Überzeugung der Scientologen, seien auch bereits 1941 die »Anstifter« der Besetzung Jugoslawiens durch Hitler-Deutschland gewesen. Der Massenmord auf dem Balkan sei »nach psychiatrischen Rassetheorien« erfolgt.

Seit Hubbard wird gebetsmühlenartig die Anti-Psychiatrie-Karte gezogen, und der jetzige Boss David Miscavige argumentiert auf derselben Linie. So war er natürlich auch anlässlich der Terroranschläge in den USA am 11. September 2001 zur Stelle und verkündete, dass nur die Scientologen einen wirtschaftlichen und gesellschaftlichen Zusammenbruch verhindern könnten – und natürlich seien auch bei den Attentätern die scientologisch üblichen Verdächtigen am Werk gewesen:

> Das wird gemacht, indem man sie (die Attentäter, Anm. d. Verf.) unter Drogen setzt, sie hypnotisiert ... das alles ist das Rüstzeug der Psychiater. Das sind keine Mutmaßungen. Das sind Fakten. Und wenn Sie immer noch Zweifel haben, dann schauen Sie sich die Tatsache an, dass die rechte Hand des Hauptverdächtigen – Osama bin Laden – Psychiater ist.[62]

Ja, diese Logik ist wohl unschlagbar.

62 David Miscavige: Besondere Botschaft an alle Scientologen vom Vorsitzenden des Religious Technology Center. 11. September 2001.

Gedrillte Eltern – arme Kinder

Die Anfangsschritte zur Verbesserung des Individuums sind in der Kinder-Dianetik und der Erziehungs-Dianetik enthalten. Die Gerichts-Dianetik, die politische Dianetik und die Militär-Dianetik werden an anderer Stelle berührt oder zur weiteren Untersuchung aufgeteilt.[63]

In seltener Deutlichkeit unterstreicht der Gründer der Scientology-Organisation schon am Anfang seines Buches *Dianetik*, welche Bedeutung für ihn, und damit für die Organisation, Kinder und deren Erziehung haben. Der Nachwuchs für die kreierte Parallelwelt Scientology.

Die »Sorge« um den Nachwuchs beginnt bereits vor der Geburt. Der Bereich der so genannten »Zweiten Dynamik« erläutert, wie mit schwangeren Frauen umzugehen ist:

Schwangere Frauen sollten besondere Aufmerksamkeit durch den Dianetik-Auditor erhalten. Das richtige Auditing bei schwangeren Frauen besteht aus Dianetik und vorbereitendem Auditing für die Geburt.

Von Anfang an wird der Start in die scientologische Welt begleitet. Mutter und heranwachsendes Kind werden gleichermaßen den Methoden ausgesetzt. Auch wie die »Behandlung« der Mutter auszusehen hat, ist vorgegeben:

Jeder PTS-Zustand sollte behandelt werden. Engramme früherer Geburten und der eigenen Geburt der Frau sollten als Engrammketten gelöscht werden. Auch schlechte Krankenhauserfahrungen sollten behandelt werden … Die Geburt sollte still erfolgen.

Die werdende Mutter hängt also am Hubbard-E-Meter, die Störfaktoren sollen gelöscht werden. Die Geburt soll still

63 L. Ron Hubbard: Dianetik. Die moderne Wissenschaft der geistigen Gesundheit. Kopenhagen, 1984, S. 13.

erfolgen. Kein Stöhnen, keine Bekundungen von Schmerzen. Arme Frau. Das Gebären eines kleinen Scientologen ist geprägt von der Ideologie des Systems. Denn die Frau bekommt nicht einfach ein Kind, sie gebärt einen Thetan bzw. den Körper, den sich der Thetan eines verstorbenen Scientologen aussucht. Die Aufgabe besteht daher wohl vor allem darin, dieses Geistwesen so unbelastet wie möglich im scientologischen Sinne das Licht der Welt erblicken zu lassen. Das Licht einer Welt, in der nach Hubbard'scher Logik ein Kampf auf das Kind wartet. Der Kampf der Befreiung der Erde und des Universums.

Und der beginnt früh – anscheinend schon im Mutterleib. In den ersten Jahren der Verbreitung von Dianetik und damit von Scientology in Deutschland warb die Organisation mit den Verhaltensmustern während der Schwangerschaft. Ob und wie viele verunsicherte Schwangere sich damals von folgendem Text angezogen gefühlt haben, ist nicht bekannt, aber die Botschaft ist deutlich: »Mami, warum hast du mir nicht geholfen, als ich neun Monate in deinem Bauch war?«, so die Überschrift der Anzeige, darunter ein kleines weinendes Mädchen. Die Lösung für erschrockene Mütter wird klar angeboten:

> L. Ron Hubbard, der Erforscher dieser revolutionären Entdeckung, beschreibt in seinem Buch DIANETIK nicht nur, wie Sie sich während der Schwangerschaft verhalten sollten, sondern gibt Ihnen auch das Wissen, Ihr Kind wirklich zu verstehen und glücklich zu erziehen.[64]

Übersetzt heißt das: Es kann angehen, dass du als Schwangere während deiner Schwangerschaft Fehler machst, aber gräm dich nicht: Hubbard hat die Lösung.

Wer von dieser Werbebotschaft beeindruckt war und

64 Anzeige abgebildet in: Friedrich-Wilhelm: Scientology. Magie des 20. Jahrhunderts. München, 1991, S. 366.

sich in die Hände der Organisation begab, sah sich wohl als Nächstes mit den Schritten zur Ernährung des Neugeborenen konfrontiert. Denn Muttermilch gehört nicht zur bevorzugten Ernährung, so L. Ron Hubbard:

> Das Baby zu stillen hat vielleicht einen nostalgischen Hintergrund, besonders für einen an Freud orientierten Arzt, aber auch die Muttermilch ist gewöhnlich eine armselige Ration … Vielleicht ist es das Tempo unserer Zeit oder die Rasse, aber es gibt nur wenige moderne Mütter, die einer Art Milchkuh gleichkommen ... Der Hauptgrund, warum ein Baby nicht gedeiht, liegt in unzureichenden Mahlzeiten. Und um das zu beheben, ist hier das Rezept für die Kost: Rezept für Babykost, 442 ml (= ccm3) Gerstenwasser, 295 ml pasteurisierte Milch, 88 ml weißer Sirup (Mais-Sirup, z.B. Karo Sirup). Sie füttern das Baby nicht mit der Gerste selbst, nur mit dem Wasser, gemäß oben angegebener Mischung. Wenn Sie nicht wissen, was Sie mit der Gerste machen sollen, essen Sie sie selbst. Mit Zucker und Sahne schmeckt sie recht gut.[65]

Gerstenwasser statt Muttermilch, denn diese könnte ja noch von mütterlichem Verhalten belastet sein. Dies wirkt zwar etwas widersprüchlich, denn wenn die Mütter sich seit der Schwangerschaft in Auditorenhänden befunden haben, kann es ja theoretisch eigentlich keine Belastungen mehr geben. Aber scheinbar sind auch im Hubbard'schen Universum Ausrutscher nicht gänzlich auszuschließen. Also lieber auf Nummer sicher gehen.

Der Vergleich von Müttern mit einer Milchkuh ist unter Berücksichtigung des Frauenbildes von Hubbard übrigens eher harmlos. Die Möglichkeit von Frauen, Kinder zu bekommen, scheint auch in seinen Augen eine der herausragenden Eigenschaften des weiblichen Geschlechts zu sein. Eine andere Aussage zeigt allerdings, welchen Stellenwert Frauen sonst in seinem Universum haben:

---

65 L. Ron Hubbard: Das Handbuch für den Ehrenamtlichen Geistlichen. Kopenhagen, 1983, S. 455–457.

Es bereitet mir kein Missfallen zu hören, dass eine Jungfrau vergewaltigt wurde. ... Es ist das Los der Frauen, dass man mit ihnen herumhurt bzw. Unzucht treibt.[66]

Dem ist wohl nichts mehr hinzuzufügen. Immerhin ist man im Hinblick auf den aufgestellten Babyernährungszeitplan den »Milchkühen« gegenüber erstaunlich liberal:

Obwohl Sie zwar versuchen, das Baby nach einem Zeitplan zu ernähren, wäre es dumm von Ihnen, es nicht zu füttern, wenn es hungrig ist.[67]

Ein sehr realistischer Ansatz – im Gegensatz zu Hubbards eher abstrusen Erklärungen, warum ein Baby gegebenenfalls schreit:

Ein Baby, das eine volle Mahlzeit getrunken hat, schläft gewöhnlich sowieso mehrere Stunden lang. Wenn es das nicht tut, gibt es immer einen Grund, wie z.B. eine Nadel oder ein Stückchen Kohle im Bett, nasse Windeln (immerhin das auch, Anm. d. Verf.), irgendetwas. ...[68]

Die Folgen der ungewöhnlichen Herangehensweise des L. Ron Hubbard an Kinderbetreuung und -erziehung hat eine Aussteigerin aus den USA sehr kurz, aber aussagekräftig beschrieben: »Mütter, die ihre Kinder in der Scientology-Kirche erzogen haben und sich lösten, haben schreckliche Schuldgefühle, was ihre Kinder durchmachen mussten«, sagte sie der *New York Post.* Harte körperliche Arbeit, manchmal 40 bis 60 Stunden pro Woche. Eltern würden von der Sekte angehalten, ihre Kinder nicht zu trösten oder zu füttern. Denn laut Sektenlehre seien Kinder kleine Erwachsene, die für sich selbst sorgen können. Auch Arzneien seien verpönt. Bei Fieber werde das Kind angehalten, einen Gegenstand in die Hand zu nehmen und stillzuhalten. »Ich

---

66 In: Ursula Caberta; Gunther Träger: Scientology greift an. Düsseldorf, 1997, S. 265.

67 Ebd.

68 Ebd.

habe es mit meinem Kind versucht. Natürlich hat es nicht geklappt.«[69]

Das Buch *Kinder-Dianetik* für die scientologische Erziehung enthält alle Grundlagen für scientologische Eltern. Immer und immer wieder wird dort deutlich, dass die Eltern Hilfestellungen zu geben haben, aber immer nach dem Prinzip handeln sollen, dass sie eigentlich kein Kind aufziehen, sondern einen voll entwickelten Thetan im kleinen Körper. Diesen gilt es, heranwachsen zu lassen.

Dieser Ideologie folgend ist es dann auch schlüssig, dass die Entwicklung eines Kindes, seine Fantasie, Kreativität und die sich daraus vielleicht entwickelnden eigenen Bilder als störend eingestuft werden. Denn eines muss dem Erziehungspersonal wohl von Anfang an sehr deutlich gemacht werden: Das Prinzip Scientology und das Leben im System sind das Maß aller Dinge. Ein eventuelles Abweichen davon ist den Kindern von vornherein abzugewöhnen: So findet Hubbard es »nicht überraschend, dass Kinder Ähnlichkeit mit Psychotikern und Schizophrenen zu haben scheinen«. Jedes Kind habe »eine blühende Fantasie, und als Ergebnis davon wirkt es in einigen seiner Fantasie-Schöpfungen wie ein Psychotiker«.[70] Selbst vor den Kindern macht das immer wiederkehrende Muster also nicht Halt: Wer im Denken und Handeln abweicht, kann als psychisch krank angesehen werden. Eine der schlimmsten »Diagnosen« für ein Mitglied der Organisation.

Um den Werdegang des scientologischen Nachwuchses, wenn irgend möglich, nicht durch Störungen der Außenwelt zu gefährden, ist der Erziehungsverlauf für die scientologischen Eltern von der Schwangerenbetreuung bis zum

---

69 Teresa Summers, zitiert in: http://www.ingo-heinemann.de/Scientology-Kinder.htm.

70 Ursula Caberta; Gunther Träger: Scientology greift an. Düsseldorf, 1997, S. 265.

Hubbard'schen Bildungssystem und – wahrscheinlich dem Traum vieler aktiver Eltern für ihre Kinder – der Eliteeinheit Sea-Org durchorganisiert. Schön ist das Aufwachsen in scientologischen Einrichtungen jedoch mitunter nicht unbedingt:

> Ich war entsetzt. In einem halbdunklen Souterrain hatte man die Kinder abgeladen, kein auch nur halbwegs vernünftiges Spielzeug war für sie da, überall lag Dreck herum, die Teppiche waren abgewetzt, außerdem schienen sich die Betreuer nicht sonderlich um das Wohl der Kinder zu kümmern.[71]

Mit dieser Aussage beschreibt ein ehemaliger Scientologe den in Hamburg von der Organisation eingerichteten Kindergarten für die Mitarbeiter/innen der »Kirche«. Seine scientologische Ehefrau war schwanger, und so informierte man sich schon einmal über die Betreuungsangebote für den kleinen Thetan, der bald das Licht der scientologischen Welt erblicken sollte. Die Entscheidung des inzwischen nicht mehr scientologischen Ehepaares war klar: In diese Betreuungseinrichtung würden sie ihr Kind nicht geben. Im Gegenteil: Dieser Einblick in die Organisation öffnete dem Paar so sehr die Augen, dass sie sich entschlossen auszutreten. Doch dieser Schritt ist im scientologischen Alltag leider selten. Die meisten Mitglieder übernehmen die Erziehungsmethoden so, wie sie es dort gelernt haben: ohne sie zu hinterfragen.

Welche Rolle die Erziehung für sein System spielt, legte Hubbard bereits früh, im Jahr 1953, dar. In einer Veröffentlichung der Hubbard Association of Scientologists Inc. mit der Überschrift *Child Scientology* ist der erste Satz bereits unmissverständlich: Save the child and you save the nation (Rette das Kind, und du rettest die Nation). Danach folgt

71 In: Ursula Caberta; Gunther Träger: Scientology greift an. Düsseldorf, 1997, S. 145.

bereits im ersten Absatz die Zielvorgabe: »If, in the course of the next fifteen years, Scientologists were to specialize in the Group Processing of children, it might well follow that all of the goals of Scientology would thereby be realized.« (Wenn die Scientologen sich in den nächsten 15 Jahren auf die Gruppenentwicklung von Kinder spezialisieren würden, könnten die Ziele der Scientology realisiert werden.) Die Sicherung des Systems durch die Heranbildung von Nachwuchs. Keine neue Idee, eine Ideologie zu sichern, aber eine lebensnahe, weiß Hubbard doch genau, wo diese Kinder zu finden sind: in Schulen, Krankenhäusern, in Jungen- und Mädchenorganisationen, wie den Pfadfindern oder der YMCA (Young Men's Christian Association) und natürlich in den Sonntagsschulen.

So beginnt 1953 das Programm der Erziehung und Rekrutierung von Kindern, was für die meisten Kinder mit scientologischen Eltern bedeutet, dass sie von Anfang an den internen Regeln unterworfen sind. Im Jahr 1992 beschreibt ein in die Organisation »hineingeborener«, inzwischen erwachsener Mann die Situation so:

> Weil seine Mutter in der Sekte führend tätig war (und ist), sei er langsam hineingewachsen, habe als Zehnjähriger seinen ersten Kursus gemacht und natürlich gar nicht erfasst, worum es ging. Für ihn sei das »ganz natürlich« gewesen ... Vor allem in ständigem Kontakt mit anderen Scientologen sei ihm die Ideologie nahegebracht worden » ... dass nur Scientology den Planeten retten kann und dass der, der nicht dieser Ansicht ist, etwas Schlechtes tut«.[72]

Kinder sind also für das System und zur Erreichung der Ziele wichtig. Jedoch sind die in verschiedenen Bereichen des Systems tätigen Eltern gleichzeitig auch ihrem eigenen Weg und der Expansion verpflichtet. Also werden die Kin-

72 Hamburger Abendblatt, 25.7.1992, S. 14.

der der für die Scientology Tätigen in der Arbeitszeit abgegeben, wie die Hamburger Morgenpost durch den Aussteiger erfährt:

> Während Eltern ihren kostspieligen Auditing-Kursen in der Scientology-Zentrale nachgingen, würden die 14 bis 20 Sprösslinge nach den Sekten-Gesetzen »gedrillt«, erfahren wir. Abends würden die Kids per Kleinbus auf zwei Wohnungen verteilt, eine befinde sich nahe am Steindamm (Standort der damaligen Scientology-Zentrale in Hamburg, Anm. d. Verf.). Dort holten dann die Scientologen ihre übermüdeten Youngsters ab – die letzten würden gegen zwei Uhr morgens aus dem Schlaf gerissen: »Die Kinder haben nichts von ihren Eltern. Sie wirken abwesend.«

Der genannte Drill, dem Kinder ausgesetzt sind, besteht schon ab einem frühen Lebensalter: Hubbard empfiehlt ab dem vierten Lebensjahr das »Auditing«. Selbst, wenn ein Elternteil mitbekommt, dass sein Kind bei diesen Sitzungen Schwierigkeiten hat, kann es nicht eingreifen. Erleben Eltern, dass ihr Kind während der Sitzungen weint oder schreit und wollen sie den Kurs deshalb abbrechen, werden sie angemahnt: »Du gefährdest dein Kind, es muss den Zyklus abschließen.« Also verschließen die Eltern ganz nach der scientologischen Lehre einfach die Augen, wenn sie ihre Kinder abholen, und sind obendrein wahrscheinlich auch total übermüdet. Wie könnten sie sonst übersehen, dass die Räume, in denen ihre Kinder untergebracht sind, völlig verdreckt sind? In der offiziellen Stellungnahme der Behörde, die zur Schließung der nicht genehmigten Kindereinrichtung führte, liest sich der Zustand der Wohnung so:

> Ein ca. 20 bis 25 qm großer Raum, der als Küche und Wohn- und Aufenthaltsraum genutzt wird. Die Küche enthielt eine Küchenzeile sowie Tisch und Stühle für Erwachsene, im Aufenthaltsraum lagen zwei Matratzen auf dem Boden, in einem Regal befanden sich Windelpackungen und andere Utensilien, eine Stereoanlage. Auf einem Balkon lagen zwei bis drei Spielzeugteile in zentimeterhohem Regenwasser …

Alle Räume und Einrichtungsgegenstände machten einen schmutzigen, unordentlichen, heruntergekommenen Eindruck. Die Betten waren überwiegend mit schmutziger oder gar keiner Bettwäsche bezogen. Der Teppichboden wirkte unhygienisch und war bedeckt mit Flecken. Spielmaterialien oder kindgemäße Herrichtung der Räume waren nicht vorhanden.

In diesem Fall konnte zumindest hier die »Betreuungseinrichtung« geschlossen werden. Allerdings ist dies immer nur dann möglich, wenn Menschen sich lösen und präzise Angaben machen können. Es spricht vieles dafür, dass weltweit die armen Kleinen in ähnlichen Zuständen leben und aufwachsen.

Bildung à la Hubbard

»Gehe nie über ein unverstandenes Wort hinweg.« Mit dieser Mahnung beginnt jedes Buch, jedes Kursmaterial von L. Ron Hubbard. »Unverstandene Wörter« – die Bedeutung für das System Scientology ist immanent. Hubbard hat eine Binnensprache entwickelt. Eine zu erlernende Fremdsprache für sein Reich. Ein nicht zu unterschätzender Baustein, sollen die Ziele erreicht werden. Scientologisch erlernen heißt Wortklären, heißt, in Büchern und Kursen immer wieder Begriffe zu definieren, um dann mit dem Erlernen der Sprache ansprechbar zu sein und zu verinnerlichen lernen, welcher Weg der einzig wahre ist, um dem Ziel der Ideologie den Durchbruch zu ermöglichen. Nicht links schauen, nicht rechts schauen, keine Ablenkung ist zulässig. Lernen und danach handeln, das ist die Devise. Welche zentrale Rolle die Binnensprache dabei spielt, wird deutlich, wenn man sich die Kriterien zur Zuordnung von Gruppen zum Fundamentalismus veranschaulicht.

> Zu den wichtigsten Merkmalen fundamentalistischer Bewegungen gehört die sprachlich vermittelte, nach innen zusammenschließende und nach außen Distanz herstellende und ausgrenzende Doktrin. ... Eigene Wortschöpfungen, Umdeutungen vorhandener Begriffe und Sprachfiguren gewinnen eine große Bedeutung, weil sie suggestive Kräfte freisetzen und eine eigene, der Nachprüfung und der Erfahrung unzugängliche Lebenswelt entfalten, die Hannah Arendt als jene »Narrenhölle« beschrieben hat, in der den Menschen »jene Ruhe niemals vergönnt ist, in der sie allein der Wirklichkeit einer erfahrbaren Welt begegnen können«.[73]

Dieses Merkmal eines fundamentalistischen Systems findet

73 Hans-Gerd Jaschke: Fundamentalismus in Deutschland. Gottesreiter und politische Extremisten bedrohen die Gesellschaft. Hamburg, 1998, S. 246; Hannah Arendt: Elemente und Ursprünge totaler Herrschaft, Frankfurt/Main,1955, S. 159.

sich in der Welt der Scientology von Beginn an. Vom ersten Kurs an werden Begriffe umdefiniert und Wortschöpfungen von Hubbard erlernt.

Die Sprache der SC suggeriert nach innen, an die eigene Anhängerschaft gerichtet, die Exaktheit angeblich wissenschaftlicher Verfahren. ... Nach außen hin gewinnt die Sprache von SC eine politische und demagogische Qualität.[74]

Die Berichte von ehemaligen Scientologen zu diesen Übungen sind zahlreich, egal auf welcher Stufe der- oder diejenige vor dem Ausstieg war. Da alles vom ersten Moment an darauf ausgerichtet ist, die Binnensprache zu erlernen, haben alle auch Erfahrungen mit den Drill-Methoden. Eingebunden in das System, bekommen sie allerdings nicht zu lesen, welche Bedeutung diese Übungen auf sie selbst haben.

Hinsichtlich der »Trainingsroutinen« und »Drills« wird in dem Gutachten Konditionierung festgestellt und folgendes Resümee gezogen: »Es ist klar, dass der PC (Pre-clear, Anm. d. Verf.) auf diese Weise konditioniert wird, willig alles zu übernehmen, auch spätere Anweisungen kritiklos auszuführen ... Er soll zum gläsernen Menschen werden, der dem System bedingungslos dient. Jede echte Psychotherapie hat demgegenüber das Ziel, die Autonomie des Patienten zu stärken, ihm zu größerer innerer Selbstständigkeit und auch zur Ablösung vom Therapeuten zu verhelfen. In Scientology und Dianetik wird ganz bewusst das Gegenteil angestrebt mit dem Ziel der Machtausübung.[75]

Für alle gilt dasselbe Programm, und damit auch für die Kinder. Einer der ersten Kurse ist der Kommunikationskurs (scientologische Abkürzung: der Kom-Kurs). Denn gelungene Kommunikation kann nur gelingen, wenn alle die Sprache beherrschen.

74 Hans-Gerd Jaschke: Fundamentalismus in Deutschland. Gottesreiter und politische Extremisten bedrohen die Gesellschaft. Hamburg, 1998, S. 251.

75 Landesamt für Verfassungsschutz Baden-Württemberg (Hrsg.): Die Scientology-Organisation (SO). Stuttgart, 2003, S. 19.

Der Kom-Kurs war für mich die Einstiegsdroge in Scientology. Die erste Übung im Kom-Kurs bestand darin, meinen gegenübersitzenden Partner eine Stunde lang mit den Augen zu fixieren, für mich eine schreckliche Tortur. In einer anderen Übung musste man den Partner, der überhaupt nicht redet, zum Reden bringen. Man musste so lange den anderen mit einer Frage quälen, bis dieser schließlich mürbe war und das sagte, was der Fragende wissen wollte. Einige Übungen musste ich mit einem elf- bis zwölfjährigen (!) Jungen machen, der während dieser unmenschlichen Übungen kurz vorm Weinen war.[76]

Der Kommunikationskurs mit seinen so genannten Trainings-Routinen (TRs) und anderen Einstiegsübungen ist Vorbereitung auf das so genannte Auditing, das als Baustein zum System gehört und das natürlich auch bereits mit Kindern praktiziert wird.

Nur wer sich das Erlernen der Binnensprache und die Struktur des Kursaufbaus in der Organisation verdeutlicht und versteht, welche Bedeutung beides für das Funktionieren des Gesamtsystems hat, kann die Einlassungen in den Schriften der Scientology entsprechend deuten. Umso wichtiger ist eine frühzeitige Einflussnahme auf die Lernprozesse von Kindern:

Die Vorstellungskraft unter Kontrolle zu bringen, ist für jeden Lernprozess entscheidend. Das Kleinkind und das heranwachsende Kind sind eigenartigerweise dafür anfällig, ihre Vorstellungskraft in einer solchen Weise zu benutzen, dass sie von ihrer Vorstellungskraft benutzt werden. ... Die Vorstellungskraft zu kontrollieren und zu disziplinieren sowie für den künstlerischen und praktischen Nutzen des Individuums anzuwenden, wäre das höchste Ziel eines Ausbildungsprozesses.[77]

Auf dieser Basis ist das »Bildungsangebot« von Scientology aufgebaut. Für die Anhänger gilt es als »Naturgesetz«, nach

---

76 Karl-H. Schneider: Der kosten-, aber nicht folgenlose Scientology-Test, zitiert in: http://www.ingo-heinemann.de/Scientology-Kinder.htm.

77 L. Ron Hubbard: Das Handbuch für den Ehrenamtlichen Geistlichen. Kopenhagen, 1983, S. 479f.

außen wird es hingegen schlicht als alternatives Lernangebot verkauft, als Lebenshilfe bei Lernschwäche oder auch nur als Nachhilfe für gestresste Schüler und, wenn nötig, auch als Beratung für Eltern und Lehrer. Keine Rede davon, dass das Ziel die Veränderung und Kontrolle der Weltsicht sowie disziplinierte Umsetzung der scientologischen Lehre ist.

Eine der ersten auch nach außen in die reale pädagogische deutschsprachige Welt auftretende Organisation war das *Zentrum für individuelles und effektives Lernen*, abgekürzt ZIEL. Ein »Lernhilfeprogramm«, das in der Werbebotschaft nach Scientology-Muster zwar auf den Gründer hinweist, aber von den eigentlichen Absichten nichts sagt.

In den Angeboten – es kann ja gar nicht anders sein – wird auf das Verstehen von Wörtern der größte Wert gelegt. Die interne Sprachschulung wendet sich nach außen, an Schulkinder und, wenn möglich, auch an Pädagogen. Die Anbindung an das Gesamtsystem bei ZIEL wurde in der Verleihung eines Diploms am Ende des Kurses deutlich. Genau wie die Kursabschlüsse in den so genannten Kirchen wird auch hier ein Abschluss, der keiner ist, in Papierform überreicht.

> Du wirst ein Zertifikat bekommen, das ein Jahr lang gültig ist. Wenn du nach einem Jahr immer noch anwendest, was du in diesem Büchlein (zum Kurs bei ZIEL gehörte natürlich auch die entsprechende Lektüre, Anm. d. Verf.) gelernt hast, wirst du ein neues Zertifikat bekommen.[78]

Weitere Anwendung der Studiertechnologie nach Hubbard wird also erneut belobigt. So lockt man Menschen in das System. Mit jeder weiteren Anwendung und damit dem Verinnerlichen der Wortschöpfungen und Definitionen wird der Weg ins System Scientology geebnet, ohne dass sie es

78 Friedrich-Wilhelm Haack: Scientology. Magie des 20. Jahrhunderts. München, 1991, S. 106.

bemerken sollen. Die Abteilungen von ZIEL standen jedoch schon früh in der Kritik, und die Organisation tritt heute in Deutschland nicht mehr so massiv auf wie einst. Vielleicht war die Zielrichtung der Anwerbung in den Schriften doch zu offensichtlich. Dies bedeutet allerdings nicht, dass sich an den Angeboten und Werbemethoden für das Hubbard'sche Lernprogramm an sich etwas geändert hat. Allein das Auftreten hat sich verändert.

Applied Scolastics ist die Organisationseinheit, unter der die »Bildungsangebote« der Organisation laufen. Diese Einheit ist zuständig für die Offerten an die Außenwelt wie auch für die Einrichtung von eigenen Schulen für den Scientology-Nachwuchs. Durch Aussagen ehemaliger Insider ist bekannt geworden, dass viele der Eltern im System nicht immer gleich auf das eigene Schulsystem setzen – zumindest in Deutschland. Das mag vor allem daran liegen, dass es der Organisation bisher in der Bundesrepublik – im Gegensatz zu anderen Staaten – nicht gelungen ist, eine Schule nach den Richtlinien von Hubbard zu gründen. Doch vor allem in den USA lässt sich ein Trend verzeichnen, dass sich die meisten scientologischen Eltern auch des »Schulangebots« der Organisation bedienen.

Das Scheitern der Versuche in Deutschland, Privatschulen zu gründen, wird von Scientology natürlich wieder mit der Diskriminierung der Organisation in Deutschland bzw. dem intoleranten Widerstand erklärt. Tatsächlich hatten Versuche, zum Beispiel im so genannten Speckgürtel von Hamburg ein eigenes Internat zu eröffnen, in dem auserkorenen Ort zu Protesten geführt. Unabhängig von diesen Abneigungsbekundungen der Bevölkerung hat die schleswig-holsteinische Landesregierung die Anträge jedoch ganz regulär geprüft, wie es bei Privatschulen üblich ist. Die Antragsablehnung lag wohl schlicht daran, dass die scientologischen Antragsteller die Voraussetzungen für eine Internatsgründung nicht erfüllten. Wirklich dramatisch war dies für Scientology aber nicht. Sie gründeten ihre Schulen einfach in den Nachbarländern und führen ihre Kinder nun dort an die Lehre heran.

Applied Scolastics ist unter dem Dach der Association for Better Living and Education (ABLE) aktiv. Hauptaufgabe von ABLE ist es,

> ... den Niedergang unserer Zivilisation aufzuhalten und in einen Aufwärtstrend zu verwandeln, sodass Lernen wieder Spaß macht, dass unsere Straßen sicher sind und Menschen fähig werden, dem Leben vernünftig gegenüberzutreten. ... Ziel der Scientology ist eine Zivilisation ohne Wahnsinn, ohne Verbrecher und ohne Krieg, in der fähige Wesen erfolgreich sein und ehrliche Menschen Rechte haben können und in der der Mensch die Freiheit hat, zu größeren Höhen aufzusteigen.[79]

Da sind sie wieder, die Zauberworte der Binnensprache: Die fähigen Wesen werden Erfolg haben und ehrliche Menschen Rechte – die ihnen von der Organisation zugeschrieben werden. Andere sind rechtlos und unfähig. Auch dazu dient die Sprache: Verschleierung nach außen.

Das scientologische Schulangebot in deutsche Nachbarländer zu verlegen, und warum gerade nach Dänemark, begründet Sabine Petra Röhrig in ihrer Funktion als Lehrerin, nach eigenen Angaben Inhaberin der Mittleren Reife und Erzieherin, unter anderem mit der in Dänemark nicht vorhandenen Schulpflicht, aber auch der wohl vorhandenen Möglichkeiten, Personen ohne pädagogische Examina Unterricht erteilen zu lassen. Dies kommt dem System entgegen, denn nach dem Selbstverständnis von Scientology

79 New Era Publications International (Hrsg.): Was ist Scientology? Kopenhagen, 1998, S. 443.

reicht die Studiertechnologie von L. Ron Hubbard als Bildung. Bei Frau Röhrig klingt das so:

> Um sich für unsere Schule als Lehrer zu qualifizieren, braucht jemand eine gute Allgemeinbildung und Wissen in dem Fach, das er unterrichtet. Ein junger Ingenieur war zum Beispiel jahrelang unser beliebter Mathelehrer. Eine formale Lehrerausbildung ist an einer dänischen Freischule nicht gefordert – wenngleich durchaus auch ausgebildete Lehrer bei uns arbeiten. Interessierte Eltern können jederzeit eine solche Schule gründen – mit der einzigen Auflage, dass diese Schule inhaltlich einen Unterricht bietet, der dem an dänischen Volksschulen entspricht. ... Es gibt hier keine Schulpflicht wie in Deutschland, sondern nur eine Unterrichtspflicht.[80]

Die Organisation behauptet, die Abschlüsse an ihren dänischen Schulen entsprächen einem Abschluss der Mittleren Reife in Deutschland. Das ist falsch. In Deutschland ist geregelt, welche ausländischen Abschlüsse anerkannt sind, und die der scientologischen Schulen in Dänemark gehören nicht dazu. Auf dem Lehrplan stehen hier die scientologischen Klassiker. Die Frage, ob an der Schule der Erzieherlehrerin Frau Röhrig auch die Ethik nach L. Ron Hubbard beigebracht wird, bejaht sie unumwunden. Die Lehre, wie man Fremd- und Gegenabsichten und damit Feinde der Scientology-Organisation erkennt, wird aber wohl kaum dem Ethik-Unterricht einer deutschen staatlichen Schule gerecht und, so ist zumindest zu hoffen, auch nicht einer dänischen Volksschule.

Nach eigenen Angaben unterhält die Organisation in Dänemark mehrere Ganztagsschulen und das in der Nähe der deutschen Grenze gelegene Internat, an dem auch Frau Röhrig unterrichtet. Die Schulen in Dänemark und anderswo sind zwar vorzugsweise für die Menschen in Scientology gedacht, werden aber durchaus auch als »Alternativschule«

80 Thomas Kruchem: Staatsfeind Scientology? München, 1999, S. 68.

angeboten, bei frustrierten Eltern und solchen, die schon immer eine gewisse Skepsis gegenüber dem staatlichen Schulsystem hatten. Bekannt geworden sind Anwerbeversuche, insbesondere für das scientologische Internat in Dänemark, über Nachhilfeangebote von Mitgliedern der Organisation. Nachhilfe ist, das wird jeder Mensch nachvollziehen können, eine ideale Form der Annäherung. Der von Scientology bei Personen zu ermittelnde »Ruin-Punkt« liegt unmittelbar auf der Hand: Die Kinder brauchen Stütze in der Schule, die Eltern leiden vielleicht selbst darunter, dass ihre Sprösslinge nicht so gut vorankommen wie gewünscht. Da ist man empfänglich für angebotene Hilfe ...

Der erste Eindruck, den Betroffene von diesem Angebot schildern, ist zumeist, dass die Nachhilfelehrer/innen anscheinend in jedem Fach Hilfe bieten können. Jedenfalls ist bisher nicht bekannt geworden, dass die Anbieter aus dem Scientology-Spektrum in irgendeiner Form ihre Leistungsangebote mangels Kenntnis einer Materie einschränken. Die Nachhilfe beginnt nach allem, was man weiß, nicht etwa mit einem kleinen Leistungstest, um zu ermitteln, wo die Defizite in einem Fach liegen, oder einem Gespräch mit dem Kind darüber, was ihm besonders schwerfällt, sondern – so steht es schon in der Werbeannonce – es muss erst einmal grundsätzlich erlernt werden, wie man lernt, und dafür ist selbstverständlich unumgänglich, dass unverstandene Worte geklärt werden müssen. Der so genannte »Grundlegende Studierleitfaden« nach L. Ron Hubbard wird sich wohl in jedem Regal der scientologischen Nachhilfe finden. Zu den Eltern wird, wenn irgend möglich, auch schnell eine Nähe aufgebaut, zum Beispiel durch Kaffee trinken mit der Nachhilfelehrerin.

Bei solchen Gesprächen mit den Eltern kann es dann vorkommen, dass nebenbei andere Alternativen zum jetzigen Schulbesuch angeraten werden. Oder das Kind wird direkt gefragt, ob es gerne auf seine Schule geht. So kommt schon bald das Internat in Dänemark ins Spiel, denn »dort lernt man spielend, wie man lernt« – so die Anpreisung. In Hamburg führten die scientologischen Nachhilfeangebote dazu, dass an die umliegenden Schulen Warnungen verschickt werden mussten, um auf die unrichtigen Behauptungen zu reagieren und Eltern, Lehrer und Schüler auf die Hintergründe der vermeintlich wohlwollenden Nachhilfe hinzuweisen.

Die ganze Problematik eines Kindes oder Heranwachsenden im System und mit »Beschulung« im dänischen Internat wird dann deutlich, wenn sich Personen aus Scientology lösen. Für das Kind ist dies besonders dramatisch, wenn nur ein Elternteil die Organisation verlässt, während der andere bleibt. Der ausgetretene Part hat erst einmal damit zu tun, selbst wieder in der normalen Welt anzukommen. Seine Finanzen sind in der Regel – vorsichtig ausgedrückt – nicht gerade im besten Zustand. Der eigene Berufsweg ist häufig völlig aus dem Gleichgewicht, denn in den allermeisten Fällen war man ja in irgendeiner Form für das System tätig, und an die vorher absolvierte Ausbildung ist nicht gleich oder gar nicht mehr anzuschließen. Das Kind, scientologisch erzogen und »gebildet«, schließt sich der Definition an, dass der gegangene Elternteil mindestens eine potenzielle Schwierigkeitsquelle, wenn nicht gar ein Unterdrücker und damit der Umgang mit ihm möglichst zu vermeiden ist.

In einem Trennungsfall dieser Art hat der ausgestiegene Vater nach einiger Zeit und einem längeren Prozess der Erkenntnis den Versuch gestartet, wenigstens dem noch minderjährigen Sohn eine Zukunft außerhalb des Systems zu ermöglichen. Der Heranwachsende ging auf das dänische

Internat. An seine älteren Geschwister noch heranzukommen, als Verräter im Sinne Scientologys, war für den Vater quasi unmöglich. Aber der Kleine bot vielleicht doch noch Hoffnung. Der Vater stellte einen Antrag zur Übertragung der alleinigen elterlichen Sorge; zumindest wollte er vom Familiengericht die Entscheidungsgewalt über die Schulausbildung zugesprochen bekommen. Das Jugendamt wurde, wie in solchen Fällen üblich, eingeschaltet. Der Sohn wollte aber nicht zu seinem Vater. Dies würde für ihn ja auch den Bruch mit dem System bedeuten; er hatte schon lange verinnerlicht, dass es ein »bisschen Scientology« nicht gibt, und handelte danach. Immerhin konnte der vom Gericht eingesetzte Verfahrenspfleger, der dem Jungen an die Seite gestellt wurde, Gespräche mit dem Kind führen, insbesondere über seine Schulsituation und das Gelernte. Er bestand darauf, die Schule in Dänemark zu besuchen, um sich vor Ort ein Bild zu machen. Sein Bericht für das Familiengericht war alles andere als schmeichelhaft: Die Situation am Internat erinnerte ihn an Zustände der Diktatur in Chile zur Zeit Pinochets.

Die Mutter des Jungen trat mit einem scientologischen Rechtsanwalt vor Gericht auf. Trotz des Berichts des Verfahrenspflegers, der Einlassungen des Vaters, der nun nichts anderes mehr wollte, als seinen Sohn in der realen Welt bei sich zu haben und ihm einen endgültigen Weg in Scientology zu ersparen, blieb das Kind bei der scientologischen Mutter und damit in der entsprechenden Erziehung. Der Kontakt, der während des Verfahrens zum Vater aufrechterhalten wurde, ist abgebrochen. Während des Verfahrens war es natürlich opportun, dem Jugendamt und dem Gericht gegenüber zu demonstrieren, dass scientologische Erziehung nicht heißen muss, zum ausgetretenen Vater keinen Kontakt mehr zu haben. Nach Abschluss des Verfahrens war dies nun nicht mehr nötig. Wenn es hochkommt, wird am Geburtstag noch einmal angerufen. Die Hoffnung des Vaters bleibt, dass es zumindest seinem jüngeren Sohn irgendwie im Gedächtnis bleibt, was in dieser Zeit gesprochen wurde, und dass er sich daran erinnert, dass er im Haus seines Vaters und dessen Ehefrau willkommen ist, wenn er doch einmal gehen will, weg will aus Scientology.

Angeworben – was nun? Familienkrisen durch Scientology

Der Umgang mit einer familiären Situation, wenn ein Teil der Familie zum Scientologen/zur Scientologin geworden ist, ist allen Erfahrungsberichten nach immer äußerst problematisch. Das Verhalten von Angehörigen ist insbesondere in der Anfangsphase, quasi bei Erkennen der veränderten Situation, sehr häufig zunächst abwartend. Der von Scientology Angeworbene wird auch möglichst dafür Sorge tragen, den Anschein von Normalität aufrechtzuerhalten. Dies gilt insbesondere dann, wenn für ihn klar ist, dass die nahe Verwandtschaft die Aktivitäten für Scientology nicht billigen wird. Hinzu kommt sehr häufig eine Unsicherheit, da man den vertrauten Menschen ja kennt. Es wird dann gehofft, dass er oder sie doch mit einigen Hinweisen auf das, was über Scientology schon bekannt ist, selbst wieder davon Abstand nimmt. Dass dies nur in den seltensten Fällen vorkommt, ist weit weniger bekannt.

In einer späteren Phase – der Angehörige hat inzwischen in der Regel schon diverse Kurse absolviert, das eine oder andere Hubbard-Buch im Regal stehen, und Zeit und Geld werden immer knapper – führen Gespräche über Scientology nicht mehr weiter. War vorher wahrscheinlich die Unsicherheit da, den vertrauten Menschen durch Konfrontation erst recht in die Arme einer »Sekte« zu treiben, wächst nun die Angst, den Menschen bei Kritik an Scientology endgültig zu verlieren. Daraus kann ein Hinnehmen der Situation resultieren, das die Familiensituation zwar permanent belastet, aber zumindest reißt der Kontakt zum Angehörigen nicht völlig ab; der vermeintlich endgültige Bruch findet nicht statt. Dass der Bruch tatsächlich bereits stattgefunden hat und daran auch keine gelegentlichen Telefonate oder auch Besuche bei Familienfeiern etwas ändern, wird nicht registriert. Der eigentliche Bruch hat beim Scientology-Anhänger im Kopf längst stattgefunden, sein Leben wird inzwischen von Scientology bestimmt, und die familienfreundlichen Kontakte sollen letztlich auch dafür sorgen, dass von außen keine Störungen für die Organisation auftreten. In dem Moment, in dem sich der nicht-scientologische Teil der Familie einschaltet und das zu einem Ansehensverlust der Vorgehensweise von Scientology führen oder eine negative öffentliche Debatte hervorrufen könnte, führt das zu Problemen für den scientologischen Familienteil. Immer nach dem Motto: Die einzelne Person trägt die Verantwortung für sich und das Ganze, und wer nicht linientreu agiert, produziert Probleme. Die Scientologen fürchten bei nicht »gehandhabten« Familienangehörigen systeminterne Strafen.

Bei Situationen, in denen Kinder oder Jugendliche betroffen sind, stellt sich für die meisten Familien irgendwann die Frage, ob, wie und wann sie einschreiten können oder sollen. Am häufigsten wird über einen Eingriff nachgedacht, wenn die Eltern von erwachsenen Scientologen Großeltern werden. Den scientologischen Ehemann oder die Ehefrau hat man vielleicht noch als unabänderlichen Teil des Familienschicksals hingenommen. Nun geht es aber um die Enkelkinder. Auch in so einer Situation wird häufig erst einmal abgewartet. Insbesondere wenn nach außen noch eine gewisse Form gewahrt wird. Die Kinder gehen auf normale staatliche Schulen, die Zeugnisse sind, soweit man weiß, in Ordnung, man kann die Enkelkinder sehen und auch beschenken. Doch die erziehenden scientologischen Eltern haben dann irgendwann das Ziel, ihren Traum für sich und für ihre Kinder umzusetzen: endlich in eine der scientologischen Hauptstädte zu kommen, dorthin, wo die Sea-Org sitzt, die Eliteeinheit. Die Zelte werden nach und nach in der deutschen Heimatstadt abgebrochen. Was noch da ist, wird verkauft. Dem nichtscientologischen Teil der Familie wird der Umzug schmackhaft gemacht, man will nach Kopenhagen, nach Dänemark. Es wird sich bemüht, in einem guten Einvernehmen mit der durchaus kritisch eingestellten Familie klarzukommen, denn eine der Bedingungen für die Aufnahme in die Eliteeinheit ist: keinen Stress hinterlassen. Wer weiß sonst, wie sich das später einmal auswirken könnte ...

Doch was tun, wenn man merkt, dass die eigenen Enkel, Neffen, Nichten in die abgeschirmte Welt von Scientology gezogen werden? Noch dazu von ihren eigenen Eltern. Ein Beispielfall: Ein Familienmitglied macht sich Sorgen. Bruder und Schwägerin hat es schon lange als nicht mehr rückholbar eingestuft, aber zumindest die Kinder wären noch zu retten. Sie sind alle in der Heimatstadt in staatlichen Schulen, doch plötzlich wollen die Eltern die Kinder abmelden. Alles richtet sich nur noch auf ein Ziel: den Umzug nach Kopenhagen. Als Erstes leitet das Familienmitglied ein Verfahren vor dem Familiengericht ein mit dem Antrag, die Eltern zu verpflichten, ihre Kinder bis zum Abschluss auf den Schulen zu lassen. Doch die Kinder bekunden – auch in der Familie –, wie gerne sie doch nach Dänemark wollen.

Immerhin wird in diesem Fall erst einmal erreicht, dass die Kinder das Schuljahr beenden. Es wird natürlich auch vor dem Jugendamt und dem Gericht versichert, dass man nicht in die Eliteeinheit der Scientology gehen will. Es sei nur ein Umzug nach Kopenhagen.

Bis Ende des Schuljahres pausiert das Verfahren. Die Auflagen des Gerichtes werden beachtet. (Abgesehen davon könnten die aus den genannten Aufnahmegründen auch gar nicht mit einem Prozess im Nacken in die Sea-Org aufgenommen werden.) Das Schuljahr ist um, und man zieht um. Plötzlich geht alles ganz schnell. Abmeldungen bei den Schulen, Verabschiedung bei der Familie, Ummeldung der Anschriften nach Kopenhagen. Jetzt wird es schwer, den Kindern zumindest den letzten Teil außerscientologischen Lebens zu erhalten. Und obwohl sofort wieder ein Antrag unter Bezug auf das bereits geführte Verfahren gestellt wird: Die Gerichte streiten sich, wer zuständig ist. Außerdem wird dem Gericht erläutert, dass die Kinder in Dänemark eine nicht-scientologische Schule besuchen. Überprüft wird dies vom Gericht aber nicht, da die Zuständigkeit Vorrang hat vor dem Schicksal der Kinder.

Bei Auseinandersetzungen dieser Art, bei denen Hilfe vom Staat notwendig wird, ist zu berücksichtigen, dass diejenige Person, die auf der Gegenseite steht (sei es bei dem Kampf um das alleinige Sorgerecht als ehemaliges Mitglied oder der Teil eines nicht-scientologischen Haushaltes, der mindestens für die betroffenen Kinder einen, wenn auch noch so kleinen, unbeeinflussten Bereich wie Schulbesuch an einer staatlichen Schule sichern will), nie nur den einzelnen scientologischen Gegner hat. Er streitet nicht nur mit der ehemaligen Ehefrau oder der Schwester und dem Schwager vor dem entsprechenden Gericht. Die Gegenpartei ist die Organisation; diese kämpft um das Kind. Wenn schon der Ehepartner nicht zu halten ist, sollen doch zumindest die Kinder erhalten bleiben, der Nachwuchs für das System. Rechtsanwälte, entweder selbst überzeugte Scientologen oder solche, die ohne Skrupel die Scientology-Organisation und deren Mitglieder vertreten, werden entsprechend gebrieft und treten nicht erst im Gerichtssaal mit falscher

Gerechtigkeitsmiene auf. In den Schriftsätzen bereits vor den mündlichen Verhandlungen wird sehr schnell deutlich, dass es nicht nur um das Kind geht. Es ist nicht vorgesehen, dass in einem Verfahren Scientology oder der Scientologe verliert, denn Hubbard hat unmissverständlich formuliert, dass Prozesse eine Strategie sind, nicht um zu gewinnen, sondern den Gegner zu zermürben. Es hat sich gezeigt, dass bei derartigen Auseinandersetzungen das Interesse am Kind vom scientologischen Elternteil relativ schnell verloren geht, wenn das Gericht gegen ihn entscheidet.

> Im Frühjahr 1996 erzählte er (der nichteheliche Vater des Kindes, Anm. d. Verf.) mir zum ersten Mal von den hervorragenden Kursen, die er an der Akademie für Management und Kommunikation in Frankfurt belegt habe. Er würde sich weiterbilden, und er hätte sich noch nie in einer Institution so wohl gefühlt. ... Im Spätsommer 1996 klagte Michael (der Sohn, d. Verf.) dann zum ersten Mal darüber, dass es bei Papa nicht mehr so toll sei, seitdem er immer so viele Gespräche mit ihm führen müsse. ... An einem Nachmittag im Oktober 1996 hatte ich plötzlich den Wunsch, Peter (d. Vater) anzurufen, um zu hören, ob auch alles in Ordnung sei. Ich tat dies auch. ... Im Hintergrund schrie mein sechsjähriger Sohn: »Ist das meine Mami, bitte, Mami, hol mich schnell hier ab! Es ist so schrecklich hier!« ... Die Mutter weiß zu diesem Zeitpunkt noch nicht, dass die »Gespräche«, über die der Junge klagt, von denen sie annimmt, dass es eine »erzieherische Ader« des Vaters sein könnte, Auditing-Verhöre sind.[81]

Nach diesem Vorfall und nachdem die Mutter feststellte, dass auch bei Besuchen unter ihrer Aufsicht der inzwischen scientologisch funktionierende Vater weiterhin versuchte, ihren Sohn zu beeinflussen, unterband sie die Besuche des Vaters. Da sie das alleinige Sorgerecht hatte, war dies auch möglich. Der liebevolle Vater der Vergangenheit war zum Werkzeug der scientologischen »Pädagogik« geworden. Die

81 Norbert Potthoff/Sabine Kemming: Scientology Schicksale. Eine Organisation wird zum sozialen Störfall. Bergisch-Gladbach, 1998, S. 156f.

vorher regelmäßig gezahlten Gelder für den Unterhalt stellte der Vater ein. Die Möglichkeit, die auch einem nichtehelichen Vater zusteht, Besuchs- bzw. Umgangsrecht einzuklagen, wurde nicht wahrgenommen. Das Interesse am Kind war anscheinend gestorben. Das Kind ist der Leidtragende:

> Mein Kind leidet extrem unter dem Verlust dieses wunderbaren Vaters, der ihm nun nicht mal mehr eine Karte schickt.[82]

Auditing – mit dieser Indoktrination kann man nicht früh genug anfangen. Verinnerlicht haben die Anhänger von Scientology, dass die eventuell seit Millionen von Jahren entstandenen »Engramme« zu beseitigen sind. In einem von der Organisation herausgegebenen so genannten CEO Newsletter mit dem Titel *Der Zustand,* in dem sich ein Kind befindet, vom 22. Juni 1986, wird deutlich, dass schon die Kleinsten diesem Verfahren ausgesetzt werden können:

> Und du auditierst keinen Clear, ein neues Wesen. Wenn du ein Baby auditierst, auditierst du jemanden, der gerade durcheinandergerüttelt wurde und der gerade durch eine ungeheuer schwierige und verwirrende Erfahrung durchgegangen ist, die ihn Jahre kostet, bis er damit fertig wird. Da haben wir die Ängste der Kindheit.

Und denen soll Scientology beikommen können. Angesichts der potenziellen Zielgruppe (wir alle wurden ja geboren ...) verwundert es dann auch nicht, dass speziell für die Eliteeinheit Sea-Org in Kopenhagen im System eine Stellenanzeige ausgeschrieben wurde. Eingeleitet natürlich mit einem Zitat des allwissenden Hubbard: »Die gesamte Zukunft der Menschheit hängt von ihrer Einstellung gegenüber Kindern ab«; die Anforderung an eventuelle Bewerber/innen wird so beschrieben:

---

82 Ebd., S. 158.

Können Sie sich eine vollständige Scientology-Umgebung vorstellen, in der Kinder aus aller Welt mit Scientology-Studiertechnologie, LRH-Kindergarten-Technologie, Ethik- und Admin-Tech, Auditing-Tech aufwachsen? Fürwahr, dies würde eine neue Zivilisation hervorbringen. In unserem Sea-Org-Kindergarten hier in Kopenhagen erreichen wir dies schon täglich zu einem gewissen Grad mit 60 Kindern von hochproduzierenden Mitarbeitern. Um unsere Aktivitäten expandieren zu können, möchten wir mehr Mitarbeiter einstellen. Wenn Sie daran interessiert sind, Rons (Ron Hubbard, Anm. d. Verf.) Zwecke und Ziele in Bezug auf Kinder durchzuführen, sind Sie hier an der richtigen Stelle.

Der beigefügte Bewerberfragebogen für die künftigen Mitarbeiter/innen beinhaltet auch eine Frage, ob der- oder diejenige lieber mit Babys, kleinen oder großen Kindern arbeitet. Es fehlt, wie in der scientologischen Logik zu vermuten, natürlich die Frage danach, welche Ausbildung, zum Beispiel als staatlich anerkannter Erzieher oder Erzieherin, man hat. Ist ja auch nicht nötig, es zählen einzig und allein die Hubbard'schen Definitionen von Kind und Lernen. Angeboten werden Jobs als Kinderauditor oder Tutor. Letzterer ist jemand, der Kinder coacht und drillt.[83]

Er erscheint wie die Liebe aus einem Roman. Ilka ist überzeugt: Sie hat den Mann gefunden, mit dem sie leben will. Er erzählt, was er alles kann und von vielen Plänen. Sie lernt auch die Mutter kennen, die ein aus ihrer Sicht überdurchschnittliches Interesse an ihr zeigt. Aber sie stellt bei ihr doch einige Defizite fest, gegen die man aber etwas machen kann. Kurse zum Beispiel. Kurse in der Organisation, in der seine Mutter eine relativ hohe Funktion ausübt und die er schon von Kindesbeinen an kennt: Scientology. Was tut man nicht alles für das Liebesglück, und außerdem, was soll schon passieren? Ihrem Freund scheint es gut zu gehen, der Mutter ja wohl auch. Klar, einiges kommt ihr schon et-

83 Vollständiges Dokument veröffentlicht bei www.ingo-heinemann.de.

was merkwürdig vor, so zum Beispiel, dass doch dieser nach eigenem Bekunden so fähige Mensch nicht genug Geld heranbringt, sodass sie sich sogar überreden lässt, ihre Großeltern anzupumpen. Aber reden kann er gut, immer wieder alles erklären, und irgendwie ist das schon beeindruckend. Vielleicht wird es ja besser, wenn auch sie auf dem Stand ist wie er, nach den Kursen, nach dem Auditing. Dann wird sie schwanger, und ihre anfängliche Unsicherheit, ein Kind in die Welt zu setzen, schwindet mehr und mehr, da der Freund und dessen Mutter, aber wohl auch die inzwischen zahlreicher gewordenen scientologischen Vertrauten, sich freuen. Außerdem hat der werdende Vater nun auch noch einen Job in Aussicht. Natürlich bei einem in der Organisation gut angesehenen Mann, der seine Firma in Krisengebieten für sanitäre Versorgung hat. Ein bisschen merkwürdig findet sie allerdings schon, dass ihr Freund, der seinen Job im Nahen Osten antreten soll, auf so eindringliche Weise auf ihren inzwischen achtmonatigen Babybauch einredet. »Als wenn das Kind ihn verstehen könnte, im Bauch«, sagt sie später. Denn er fordert seinen noch nicht geborenen Sohn auf, nun doch bitte herauszukommen, damit er abreisen kann. Nach der Geburt des Kindes entwickelt sich die Beziehung nicht erfreulich. Sie reist mit ihrem kleinen Baby dem Vater hinterher ins heiße Kuwait. Was er dort eigentlich arbeitet, erschließt sich ihr nicht wirklich, aber er ist sich seiner Bedeutung bewusst.

Die Spannungen bleiben – sie funktioniert wohl nicht so richtig –, und inzwischen machen sich auch ihre Eltern Sorgen um sie und um den kleinen Enkelsohn. Irgendwann hat Ilka genug von dieser Beziehung. Der Vater zahlt keinen Unterhalt, und sie will nicht, dass ihr Sohn das gleiche Schicksal erleidet wie der Vater: scientologische Erziehung. Beide Seiten stellen Anträge um das Kind. Der Vater hat Hilfe von scientologischen Anwälten und seiner funktionierenden Mutter. Die Anhörung vor dem Familiengericht findet unter Polizeischutz statt, da der Vater Drohungen gegen die Innenbehörde in Hamburg ausgestoßen hat. Dies hat auch zur Folge, dass er sich Ilka und dem Kind nicht nähern darf. Parallel zum Streit vor dem Familiengericht muss sie sich mit Schreiben und Anzeigen eines anderen scientologischen Anwalts auseinandersetzen, der behauptet, sie würde dem Vater ihres Kindes Gegenstände seines Eigentums aus der gemeinsam bewohnten Wohnung vorenthalten. Auch die Polizei schaut mal vorbei, um den Sachverhalt zu prüfen. Der ganz normale Psychoterror rund um das Verfahren ums Kind.

Der Stress bleibt nicht so einfach in den Kleidern hängen, Ilka braucht Gespräche und Stütze, um da durchzukommen. Schlecht schlafen, Ängste auf der Straße begleiten sie in dieser Zeit. Sie hat um sich herum zum großen Glück Eltern und Freunde, die bei ihr sind und bei denen sie sich mit ihrem kleinen Sohn geborgen fühlen kann. So kann man diesen Stress durch- und aushalten. Inzwischen stellt der Vater keine Ansprüche mehr, sein Besuchs- oder Umgangsrecht zu bekommen. Ob das auch damit zu tun hat, dass die Presse, wenn auch nur in einem kleinen, aber gehaltvollen Artikel vom unter Polizeischutz stattgefundenen Verfahren berichtete? Dafür spricht vieles in der scientologischen Welt. Auch für Ilka und ihren Sohn ist jetzt endlich Ruhe eingekehrt, und sie kann wieder daran denken, ihr selbstbestimmtes Leben zu gestalten. Pläne hat sie, und mit ein wenig Glück und ohne scientologisch inszenierten Stress wird es auch gelingen.

Kindern sollte dieses Schicksal erspart bleiben: Lernen und leben nach Hubbards Lehren im System Scientology, mit Erziehung zum Gehorsam im System und voller Kontrolle. In diesem System haben Kinder keine Kindheit, denn:

Ein Kind ist keine besondere Tierart, die sich vom Menschen unterscheidet. Ein Kind ist ein Mann oder eine Frau, nur noch nicht zur vollen Größe herangewachsen. Jedes Gesetz, das für das Verhalten von Männern und Frauen gilt, gilt auch für Kinder.[84]

Mit dieser Aussage ist dann eben auch verbunden, dass Kinder die Verantwortung für sich übernehmen müssen, egal, wie es ihnen geht, egal ob sie Wärme in einer Situation brauchen:

Ich erinnere mich an eine Situation, als ich 15 Jahre alt war. Ich hatte Probleme in der Schule und zu Hause. Ich fühlte mich alleingelassen und ungeliebt. Ich dachte sogar an Selbstmord. Ich wünschte mir, mein Vater würde mich in die Arme nehmen und mir sagen, dass er mich liebt. Er tat es nicht – und ich wollte ihn auch nicht darum bitten. Schließlich fragte ich, was er machen würde, wenn ich mich umbrächte. Seine Antwort: »Das liegt allein in deiner Verantwortung, Tanya.«[85]

Es gibt nach meiner Erfahrung einige grundsätzliche Dinge, die für Angehörige wichtig werden, wenn ein lieber Mensch in die Fänge dieser Organisation geraten ist und es relativ schnell bemerkt wurde. Diese Anmerkung ist wichtig, denn häufig ist es nicht gleich erkennbar, ob scientologische Einflussnahme dahintersteckt. Ein Kurs, um seine eigenen Fähigkeiten zu verbessern, ist heutzutage nichts Ungewöhnliches. Ein neuer Freund, der von sich behauptet, er sei Student – was soll daran verdächtigt sein. Selbst seine Antwort auf die Frage, was er studiert, wird nicht gleich verdächtig erscheinen, wenn er sagt: »Kommunikation.« Die Veränderungen in Sprache und Verhalten werden oft zu

84 L. Ron Hubbard, zitiert in: Norbert Potthoff/ Sabine Kemming: Scientology Schicksale. Eine Organisation wird zum sozialen Störfall. Bergisch-Gladbach, 1998, S. 153.

85 Ebd., S. 154.

spät erkannt, und dies ist nicht als Vorwurf zu verstehen. Man möchte ja vertrauen, man wünscht dem Angehörigen alles Glück der Welt.

Ist dann erkennbar, dass der so harmlos klingende Kommunikationskurs oder der Freund in die Organisation des Herrn Hubbard geführt hat, ist auf jeden Fall geraten, sich Hilfe zu holen. Allerdings ist das Angebot in Deutschland nicht gerade üppig. Die Verfassungsschutzämter haben andere Aufgaben als Beratungsstellen. Sie müssen Informationen abschöpfen. Hilfestellung für Angehörige mit einem Ansatz, den Menschen wieder aus der Organisation zu lösen, ist dort nicht im Programm vorgesehen. Dieses Anliegen, das die meisten Angehörigen haben, ist ein langer Weg und gelingt nicht immer. Es kann Jahre dauern und verlangt viel Kraft und Geduld und Vertrauen in die Beratungsstelle und in die dort tätigen Personen. Garantien für ein glückliches Ende im Sinne des Ausstiegs und der »Heimkehr« in den Schoß der Familie gibt es nicht. Und selbst wenn es gelingt, ist das Miteinander danach nicht immer einfach. Die scientologischen Erfahrungen und die häufig sehr schnell verinnerlichte Lehre hinterlassen Spuren und vergehen nicht einfach. Daher ist auch danach eine Begleitung wünschenswert, aber leider gibt es diese Angebote an Hilfestellung kaum.

Damit dieses Kapitel für betroffene Angehörige oder Aussteiger nicht zu deprimierend endet, kann ich mit gutem Gewissen drei Anlaufstellen in Deutschland benennen: Die Sektenberatung Nordrhein-Westfalen, die Aktion Bildungsinformation (ABI) in Baden-Württemberg und die IDS in Sachsen-Anhalt. Alle drei staatlich gefördert, natürlich nicht ausreichend, aber immerhin.

Die Sea-Org

»Viele sind berufen, doch nur wenige sind auserwählt.«[86]

Eine Mannschaft von harten Hundesöhnen … Die Sea-Org ist keine Demokratie. Ihre Mitglieder stimmen mit einem Mann namens L. Ron Hubbard überein. Sie befolgen seine Richtlinien … bis auf den Buchstaben, bis auf den Punkt und das Komma. Und wenn du anderer Meinung bist, … gehörst du da nicht hin.«[87]

Schnell mit dem Auto für das Frühstück am Wochenende auf den Markt fahren, frische Brötchen holen für sich, den Lebenspartner und den seit einigen Tagen aufgenommenen Hausgast. Nichts Ungewöhnliches. Aber die Ausfahrt aus der Tiefgarage des Wohnblocks wird behindert. Ein Auto mit dem Kennzeichen einer anderen deutschen Großstadt blockiert den Weg zur Straße. Also zurücksetzen und warten, bis der Weg frei ist. Allerdings wird in dieser Geschichte der Wagen nicht weggefahren. Stattdessen steigt der Fahrer aus und kommt auf die junge Autofahrerin zu, die inzwischen wieder geparkt hat und ausgestiegen ist, um wieder in die Wohnung zu gehen. Schlagartig realisiert sie, wer aus der anderen Großstadt Deutschlands den Weg zu ihrer Tiefgarage gesucht hat: die Verwandte ihres Hausgastes. Diese Person tritt dann auch massiv auf, kommt nahe an sie heran, fragt eindringlich nach dem Besuch und steht wenig später vor der Wohnungstür. Die Person fordert Einlass und das Gespräch mit der derzeitigen Mitbewohnerin des jungen Paares in Hamburg. Das Auftreten ist aufdringlich, fordernd

86 Interne Werbeschrift zur Rekrutierung neuer Sea-Org-Mitglieder.

87 St. Petersburg Times: The Truth Rundown, zitiert in: Verfassungsschutzbericht 2009, Baden-Württemberg, S. 282.

und unangenehm, obwohl später nicht berichtet wird, es hätte Drohungen oder Ähnliches gegeben. Das Verhalten der Person löst Verunsicherung und Angst aus.

Überraschungsbesuche dieser Art sind für Personen, die sich mit der Scientology-Organisation befassen, keine ungewöhnliche Situation. Das junge Paar hatte in seiner Wohnung eine Frau aufgenommen, damit diese nach ihrer Rückkehr aus dem schönen Kopenhagen nicht gleich wieder in ihre Wohnung ziehen musste. Das wäre sowieso erst einmal schwierig geworden, denn die Wohnung war so gut wie leer. Die Möbel verschenkt, an die Familie gegeben oder Ähnliches. Aufgelöst genauso wie der Arbeitsvertrag und alles andere vor ungefähr acht Wochen. Denn zu dieser Zeit war sie den Weg nach Kopenhagen gegangen. Die Auflösung, inklusive Verabschiedung von Bekannten wie dem jungen Paar in der Nachbarschaft, deren Katzen sie hin und wieder gefüttert hatte, war vorgegeben, da sie nicht beabsichtigte, je wieder zurückzukommen. Sie wollte nun endgültig dorthin, wohin viele Mitglieder der Scientology-Organisation streben und wo viele Eltern ihre Kinder irgendwann am liebsten unterbringen würden: in die Eliteeinheit der Organisation, die Sea-Org.

Die netten Nachbarn mit den Katzen hatten von der jungen Frau in der Vergangenheit erfahren, dass sie aus einem scientologischen Elternhaus stammt und sich gelöst hatte. Sie hatten sich auch etwas informiert über diese Organisation und waren deshalb alarmiert, als die junge Nachbarin verkündete, sie hätte ihren Arbeitsplatz und ihre Wohnung gekündigt, um nach Kopenhagen zu ziehen. Die Befürchtungen der Nachbarn bestätigten sich schnell: Die junge Frau hatte wieder engeren Kontakt zu ihren Eltern und Geschwistern aufgenommen, und diese hatten wohl schnell die Möglichkeit erkannt, das fast »verlorene Schaf« wieder zurückzuholen. Nach den Schilderungen der jungen Frau hatte der scientologische Familienteil nach dem ersten Bruch sehr schnell den Kontakt zu dem früheren Auditor der jungen Frau hergestellt. Dann kam die Vermittlung an eine Mitarbeiterin aus der Europazentrale in Kopenhagen, eine Mitarbeiterin der Sea-Org.

War es die Sehnsucht nach der Familie? Genau ist das nicht festzustellen, aber die junge Frau lässt sich, trotz früherem Bruch mit der Organisation, sehr schnell überreden, einen so bezeichneten »unverbindlichen Besuch« in der Zentrale in Kopenhagen zu absolvieren. Dieser unverbindliche Besuch endet mit der Unterschrift des Vertrages mit der Sea-Organisation. Dieser Vertrag verpflichtet den Unterzeichner, für die nächsten Millionen von Jahren für die Organisation zu arbeiten.

Wieder zurück von dieser Stippvisite, aber mit geleisteter Unterschrift wird nun der Druck, den Vertrag auch zu erfüllen, stärker. Er muss so stark geworden sein, dass der Schritt, alles aufzulösen, irgendwann Ende 2004 logisch erschien.

Einmal in Kopenhagen angekommen, beginnt der Drill. Jedes Scientology-Mitglied, das in die Sea-Org aufgenommen werden möchte, muss ein Aufnahmeprogramm absolvieren: das Estate Project Force (EPF).

Die Berichte von ehemaligen Mitgliedern, die dieses Programm durchlaufen haben, variieren nur in Nuancen. Alle Sea-Org-Einheiten, ob in Großbritannien, Dänemark oder den USA, arbeiten natürlich alle nach den Vorschriften des Gründers (siehe obiges Zitat), und damit können die Erfahrungen nur ähnlich sein.

In diesem Fall kommt die junge Frau in Kopenhagen in eine Gruppe von ca. 30 Personen zwischen 14 und 60 Jahren, wobei nach ihrer Erinnerung die meisten Teilnehmer/innen zwischen 14 und 16 Jahre alt waren – also Kinder oder Jugendliche. Alle diese »Frischlinge« wurden einem so genannten Security-Check (Sec-Check) unterzogen, bei dem unter anderem alle Namen und Anschriften von Freunden angegeben werden mussten.

Die Unterbringung bei der Elite unterscheidet sich nicht von der in anderen Scientology-Einrichtungen: Zimmer mit 6–9 Betten, Dusche/WC auf der Etage. Ein Schrank für jeden, Kontrolle der persönlichen Gegenstände und natürlich die Elitebekleidung, ein blauer Overall. Uniformierte Bekleidung, das Merkmal der Einheit. Bei ca. 300 Personen im Haus ist die Pflege der verbindlichen Kleidung allerdings trotzdem schwierig bei nur fünf Waschmaschinen und einem Trockner. Die Lösung: gewaschen wird nachts.

Der Tag beginnt um 6.30, Zeit zum Essen: 20 Minuten, das Angebot: in Fett triefende Spiegeleier, Tag für Tag. Die Kriterien sind hart, schließlich will man in die absolute Elite, also sitzt man separat zu den schon aufgenommenen Menschen. Gespräche mit diesen sind untersagt, es sei denn, einer von diesen »Größen« lässt sich herab, das Wort an einen zu richten. Dann allerdings bitte auch mit Respekt behandeln. »Sir« ist die Anrede, die erwünscht ist. Nach dem Frühstück die Arbeit – Renovierungsarbeiten am oder im Haus. Danach Studierzeit, kurzes Abendessen, dann wieder Studierzeit bis spätabends. Dazwischen Appelle und Kontrolle der Anwesenheit der Teilnehmer. Aber durchaus auch Nachtarbeit, wenn angeordnet. Ein weiteres Aufnahmeritual ist, sich möglichst nur im Laufschritt zu bewegen. Freizeit, um eigene Angelegenheiten zu regeln oder persönliche Bedürfnisse zu befriedigen, gibt es nicht. Auch die Studierzeiten geben keine Atempause, denn natürlich müssen

Kurse in den Hubbard'schen Lehren belegt werden. Beliebt ist der Kurs des so genannten »Wortklärens«: Hubbard Lexikon, Duden, Wahrig Wörterbuch greifen und dann definieren und umdefinieren von Begriffen. Die von Hubbard entwickelten unterschiedlichen Methoden kommen zum Einsatz, und natürlich ist jemand dabei, der die Kontrolle hat. Kann jemand bei Nachfrage über die Bedeutung eines Begriffs nicht gleich eine befriedigende Antwort bieten, gilt dieser als missverstandenes Wort. Der Teilnehmer muss mit dem gesamten Text noch einmal beginnen. Denn laut Hubbard führt schon ein Wort, das nicht richtig gedeutet ist, zum Missverständnis des ganzen Textes. So kann es Wochen dauern, bis jemand überhaupt ein paar Seiten von Hubbardtexten durchgearbeitet hat. Doch das ist nicht genug des Drills. Täglich gibt es militärartige Übungen; zum Beispiel gibt der Trainer Hubbardzitate vor, und die Gruppe muss diese schreiend wiederholen.

Natürlich verfügt auch die Eliteeinheit über eine Ethikabteilung, die bei festgestellten Verstößen tätig wird. Strafen können, wie in anderen Abteilungen der Scientology auch, darin bestehen, dass stundenlang »Overts« aufgeschrieben werden müssen. Ein Overt ist in der scientologischen Sprache eine schädliche Handlung, laut Fachwortsammlung von L. Ron Hubbard eine gegen das Überleben oder gegen die Dynamiken gerichtete Handlung. Schon eine einzige unterlassene Handlung kann genügen, um als »Overt« gekennzeichnet zu werden. Nach Absolvieren der Maßnahmen der Ethik-Abteilung folgt wieder ein Sicherheits-Check zur Überprüfung der Zulassung für das Programm.

Krank werden darf man natürlich überhaupt nicht, denn Krankheit gilt als unethisch und damit als »gegen die Dynamiken gerichtet«. Sollte doch jemand mal einen Schnupfen oder gar Fieber bekommen, wird er von der Gruppe isoliert. Der so genannte »Medical Officer« kann beantragt werden, schriftlich. Ob es sich dabei um Ärzte oder zumindest medizinisch ausgebildetes Personal handelt, wäre mit Sicherheit eine Nachfrage wert. Die angebotene Heilung ist natürlich scientologisch. Vitamine, Vitamindrinks, die so genannten Beistände (Assists) oder – wahrscheinlich bei schlimmeren Fällen – das PTS-Handling (Potential-Trouble-Source) am Hubbard-E-Meter, denn nach den Lehren sind alle kranken Menschen eine potenzielle Schwierigkeitsquelle (»… all sick people are PTS«).[88]

Jenna Miscavige-Hill, die Nichte des «neuen« Anführers, beschreibt den Umgang mit einem kranken Kind wie folgt: »Zimmer 12 war durch ein Bad und eine Toilette mit Zimmer 11 verbunden. In Zimmer 11 gab es keinen Teppich, sondern nur eine Einzelmatratze auf nacktem Betonboden. Jemand, der dort geschlafen hatte, setzte sich plötzlich auf, und ich erkannte, dass es Teddy war, der Freund meines Bruders … Teddy erklärte, er sei krank und habe Fieber, und Zimmer 11 sei der Quarantäneraum … .«[89] Ein fieberkrankes Kind, allein, offensichtlich ohne medizinische Betreuung, nur eine Matratze zwischen dem fieberkranken Körper und dem Betonboden, und die scientologisch gedrillten Kinder finden das normal. Jenna dazu: »Auf mich wirkte das Zimmer nicht besonders behaglich, zumal für Kranke, doch ich dachte mir, dass man sicher wusste, was man tat. Schließlich war dies die Int Ranch.«[90]

Da die Kontrolle umfassend ist, darf das Gebäude nur in der Gruppe verlassen werden. Wird von außen Kontakt auf-

88 L. Ron Hubbard: Dianetics and Scientology Technical Dictionary. Los Angeles, 1975, S. 326.

89 Jenna Miscavige-Hill, a.a.O, Seite 52.

90 Ebd.

genommen, wird auch das kontrolliert. Telefonate werden in Anwesenheit eines Sea-Org-Mitarbeiters geführt, Briefe werden geöffnet ausgehändigt. Kontrolle total.

Wann das Aufnahmeprogramm beendet ist, wird von den Aufsehern bestimmt. Selbst wenn bei Ankunft maximal drei Wochen in Aussicht gestellt werden, kann sich das schnell als Irrtum herausstellen. So gibt es Schilderungen, nach denen sich dieses Programm über Monate hinziehen kann, und wenn es schlecht läuft, damit endet, dass man wieder nach Hause geschickt wird. Für Mitglieder der Organisation, die verinnerlicht haben, dass es einzig und allein darum geht, über die funktionierende Scientology die Menschheit zu retten, kann eine Abweisung für die Person selbst, aber auch für das scientologische Umfeld als Katastrophe begriffen werden – man fühlt sich, als hätte man versagt.

Vivian verklagt Scientologen-Eltern – im Jahr 2002 beherrscht die deutschen Medien erstmals das Schicksal einer jungen Frau, die durch ihre Eltern scientologisch aufgewachsen ist und nach ihrem schweren Weg hinaus Rechenschaft für die scientologische Erziehung einfordert. Auch Vivian hatte Erfahrungen mit der Eliteeinheit. Allerdings in England, dem zweiten europäischen Zentrum, gelegen in der Nähe Londons, in West Sussex. »Saint Hill« ist die scientologische Bezeichnung für das große britische Refugium. Angeboten werden dort, wie auch in Dänemark und den USA, die höheren Abschlüsse des Scientology-Imperiums.

Mit 13 Jahren macht Vivian das erste Mal Erfahrung mit der Elite. Auch sie muss natürlich das Estate-Projekt-Force-Programm durchlaufen. Ohne Eltern, ohne formale Erziehungsberechtigte untergebracht. MEST-Work, der Ansatz um Materie, Raum, Zeit und Energie, sieht körperliche Arbeit vor. Stundenlang, manchmal bis tief in die Nacht. Die

Ernährung ist nicht gerade kindgerecht und gesund: ausschließlich Bohnen und Reis. Dazu das intensive Studium der Hubbard-Schriften. Vivian hält es nicht lange aus. Eigentlich hatte sie andere Träume, wollte am liebsten Künstlerin werden. Doch der Druck von außen bleibt. Ihr Umfeld, ihre Eltern wünschen sich für sie eine Sea-Org-Karriere. Mit 15 Jahren kommt dann der zweite Aufenthalt, und nun soll es endlich klappen mit der Aufnahme. Das Aufnahmeprogramm ist genau wie zuvor: harte körperliche Arbeit, dieses Mal an einem Gebäude namens Walsh Manor. Renovierungen sind nötig, und die Fünfzehnjährige arbeitet und arbeitet. Außerdem bekommt sie Probleme, weil sich – für das jugendliche Alter nicht ungewöhnlich – eine erste kleine zarte Liebelei entwickelt. Bei Scientology ein Vergehen auf der Ebene der Zweiten Dynamik.

Sie wird bestraft. Wochen-, ja, monatelang muss sie ihre Overts aufschreiben, gilt als out-ethic und darf nur mit den anderen zu klassifizierenden Personen essen. Sie leidet, wird krank, aber anstatt sie mit Medikamenten zu behandeln – denn die sind ja verboten –, wird nur der so genannte Lokalisierungsprozess durchgeführt, was die Schmerzen aber nicht lindert. In ihrer Klage gegen die Eltern will sie später mit einem Attest beweisen, dass ihr Rückenleiden von der harten Arbeit im Wachstumsalter herrührt. Vor allem aber verklagt sie ihre Eltern und damit erstmalig die scientologische Erziehung wegen der mangelnden Schulausbildung. Ohne ordentlichen Schulabschluss verlässt sie 1998 die Organisation und ihre Familie.

Am 30.10.2002 berichtet die *Hamburger Morgenpost* von Vivians Prozess. Das Gericht urteilt mit deutlicher Wertung, dass Vivian einen Anspruch auf Schulbildung gehabt hätte und dieser ihr versagt wurde. Schon sehr bald stellt der Richter klar, dass er nicht mehr untersucht, ob hier ein Schadensersatzanspruch besteht, sondern dass er nur noch die Höhe der zu zahlenden Summe für entgangene Bildung bemessen will. Versuche, im Gerichtssaal die Ansprüche der jungen Vivian an ihre Eltern in eine Anti-Scientology-Kampagne zu verwandeln, lassen das Gericht unbeeindruckt. Schließlich der Vergleich: 35.000 Euro haben die Eltern für vergangenes Unrecht an der Tochter zu zahlen. Die gesundheitlichen Schäden und die möglichen Gründe dafür aus ihrer scientologischen Vergangenheit werden allerdings nicht mehr erörtert.

Von zu kleinen Schiffen

Die Gründung der Sea-Org durch L. Ron Hubbard geht auf den Kauf von Schiffen zurück. Eine Art Flucht auf hohe See durch den Gründer. Ende 1966 kaufte die Hubbard Exploration Company, eine der inzwischen zahlreichen größeren und kleineren Gesellschaften in Hubbards verzweigtem Imperium, mehrere Schiffe.

Mit dem Kauf der Schiffe schaffte Hubbard die Grundlage, sein Hauptquartier auf die offene See zu verlegen. Denn mittlerweile wurde die Situation für ihn und die Scientologen in England dramatisch. Zum einen soll ihm die Steuerfahndung auf den Fersen gewesen sein, zum anderen wurde Scientology Gegenstand parlamentarischer Untersuchungen. … Am 12. August gab Hubbard in der ›Flag Order Nr. 1‹ die Formation der so genannten Sea-Organisation bekannt. … Hubbard selbst erklärte, die »Sea-Org« sei die »einzige Garantie des Überlebens der Scientology-Technologie auf diesem Planeten«. Mitglieder der »Ordensgemeinschaft Sea-Org« tragen Pseudo-Marine-Dienstgrade und -uniformen und sind militärisch durchorganisiert. Laut Eigenbroschüre soll die »Sea-Org« die Scientology funktionstüchtig erhalten.[91]

91 Christoph Minhoff/Martina Müller: Scientology. Irrgarten der Illusionen. Berlin, 1998, S. 37.

Das Leben auf den Schiffen gestaltet sich für die Scientologen von Anfang an schwierig. Jon Attack, ein ehemaliges Mitglied der frühen Jahre schildert in seinem Buch *A Piece of Blue Sky* die sich immer mehr verschärfenden Regularien unter dem Stichwort Ethik auf den Schiffen:

Auf Las Palmas wurde die Crew der Avon River (ein Schiff aus Hubbards Flotte) bei der fortgeschrittenen »Erforschung« der (scientologischen) Ethik, der »Heavy Ethic« (verschärfte Ethik), als die sie bald bekannt wurde, zu Hubbards Versuchskaninchen. Neue niedrige Ethik-Zustände wurden eingeführt, alle in einer Reihe von Abstufungen … Die arme Frau, die Hubbard bei seiner Erforschung des Ethik-Zustandes Lability (Schuld) diente, musste, um ihre Unzulänglichkeit gegenüber den Kollegen zu dokumentieren, einen grauen schmutzigen Lumpen um den Arm tragen. Im Zustand »Doubt« (Zweifel) lief sie mit einer schwarzen Markierung auf der Backe herum und trug eine große ölige Kette um ihr Handgelenk.[92]

Harte Regeln, die entwickelt wurden, um die Sea-Org-Mitglieder zu drillen. Umgesetzt werden sie bis heute. Diejenigen, die Schuld auf sich geladen haben, können im so genannten Rehabilitationsprojekt (RPF) landen. Dort sind dann schwarze Kleidung und Armbänder als Markierung bis heute an der Tagesordnung, um den anderen zu symbolisieren: Nicht ansprechen, derjenige befindet sich zurzeit außerhalb der scientologischen Normen.

Die Ausweitung der Schiffsangebote auf Landbasen liest sich in der Außendarstellung der Scientology-Organisation folgendermaßen:

Die FLAG-Service-Organisationen (FSO) sind ein spirituelles Zentrum für Scientologen aus aller Welt. … Ende der 60er- bis Mitte der 70er-Jahre befanden sich die höchsten kirchlichen Organisationen an Bord einer Flotte. Das 107 Meter lange Schiff Apollo diente L. Ron Hubbard als Wohnsitz und war deshalb damals die höchste Scientology-Kirche, bekannt als das »Flagg-Schiff« der Flottille, kurz »Flag« genannt.« … Da jedoch mehr und mehr

92 Ebd., S. 39.

Scientologen an diesen Stufen teilnehmen wollten, machte der Raummangel einen Umzug an Land nötig.[93]

Und so geht die Seeorganisation also an Land. In Clearwater/Florida wird Mitte der 70er-Jahre ein großes Gebäude, ein ehemaliges Hotel, gekauft. Das Fort-Harrison-Hotel ist heute eine der Zentralen der Sea-Org.

Von Kindern und Kadetten

Die Richtlinien, die auf den Schiffen galten, gelten nun auch in den Landbasen in den USA und Europa. Das bedeutet, dass alle den gestrengen Sea-Org-Mitgliedern zu gehorchen haben und die Regeln befolgen müssen. Auch die Sea-Org macht keinen Unterschied zwischen Erwachsenen und Kindern. Allerdings wird unterschieden zwischen Kindern und »Kadetten«; wer Kadett ist, ist kein Kind mehr. Der FLAG-Befehl 760 vom 25. Mai 1968 liefert unter dem Titel »Kadetten, Untertitel Kinder« folgende verbindliche Definition:

Jedes Kind, das seinen Prüfbogen Mannschaftsstatus II, Vollmatrose oder Maschinenraum, erfolgreich erledigt hat und einen Posten in der Sea-Org hat und gute Ethik-Aufzeichnungen vorweisen kann, wird ab jetzt nicht mehr allgemein als »Kind« bezeichnet, sondern als KADETT. (Großschreibung im Original, Anm. d. Verf.): Das Wort »Kinder« darf nicht verwendet werden, um sie zu bezeichnen, da es ein allgemeiner Ausdruck ist. Wenn Kinder anwesend sind, werden sie als Kinder eingeordnet, was Kadetten jedoch nicht einschließt. Kinder sind Personen, die keine Prüfbögen erledigt haben und keine bezahlten Posten in der Sea-Org innehaben. ... Ein Kadett hat einen Rang, der dem gemeinen Matrosen oder dem Motorenhelfer entspricht.

Ehemaligen Anhängern mit Sea-Org-Erfahrung sind die gesonderten Kadettenschulen bei ihren Aufenthalten aufge-

93 New Era Publications International (Hrsg.): Was ist Scientology?. Kopenhagen, 1998, S. 294.

fallen. Ein Bericht aus der Sea-Org-Abteilung Kopenhagen schildert, dass die Kinder nicht älter als sieben Jahre waren und dass diese Kadettenanwärter, um ein wenig Taschengeld zu erhalten, bis spät in die Nacht Kuchen gebacken haben, um diese an die Sea-Org-Mitglieder zu verkaufen. Kindgerechte Erziehung sieht anders aus.

Das Leben ändert sich schlagartig mit der Unterzeichnung des Aufnahme-Vertrages in die Sea-Org. Die Kinder unterschreiben ihn selbst, aber die erziehungsberechtigten Eltern sind ohnehin selbst fest verankert in der Welt des L. Ron Hubbard und in den USA häufig genug selbst Mitglieder dieser Einheit.

»Zuerst wusste ich nicht viel über den Vertrag. Als ich klein war, hatte ich zwar hier und da etwas davon gehört, aber erst am Tag der Unterzeichnung wurde mir erklärt, worum es genau ging. Die Unterschrift gehörte zum Curriculum; nur so konnte man Sea-Org-Mitglied werden und in den Genuss der Ausbildung kommen. Obwohl der Vertrag für eine Milliarde Jahre galt, zögerte ich nicht. Ich wurde zur Unterschrift aufgefordert, und es war meine Aufgabe, den Anweisungen zu folgen. ... Wir verpflichteten uns für eine lange Zeit, aber das hatten unsere Eltern auch getan. ... Tatsächlich begann zu diesem Zeitpunkt meine scientologische Indoktrinierung. Zuvor waren nur meine Eltern in der Sea-Org gewesen, und mein Leben wurde durch ihre Stundenpläne und Dienste in der Kirche geprägt. Jetzt hatte ich meine eigenen Stundenpläne und Pflichten. Die Veränderungen gingen jedoch über das rein Organisatiorische hinaus; mir wurde nun die Sichtweise der Sea-Org eingeimpft. Die Indoktrinierung wurde gestützt durch die extreme Abschottung zur Außenwelt.«[94]

Eine Zeitlang wurden die so genannten Familienzeiten in der Sea-Org diskutiert, die das Zusammensein zwischen Eltern und Kindern regeln sollten, denn selbstverständlich können auch ganze Familien ihr irdisches Leben aufgeben und sich für die Langzeittätigkeit in der Sea-Org anwer-

94 Jenna Miscavige-Hill, a.a.O., S. 63.

ben lassen. Von der Scientology-Organisation, wenn irgend möglich, immer dementiert, gibt allerdings eine Anweisung Hubbards eher jenen recht, die ein Familienleben der Sea-Org-Mitglieder nicht erkennen konnten.

Verantwortlich für die »Betreuung« der Kinder sind Gouvernanten. Die Aufgabenstellung dieser Position ist im FLAG-Befehl 1630 vom 3.12.1968 niedergelegt:

> Der Posten der Gouvernante wird für Kinder eingerichtet, die keine Kadetten sind und über sechs Jahre alt sind oder nach der Festlegung durch den Kapitän. Ein Kind ist jemand, der kein Org- oder Schiffsamt ausüben kann. Es wird nicht auf der Gehaltsliste geführt. ... Kinder müssen mindestens 10 Stunden täglich lernen. Sie dürfen nicht unkontrolliert das Schiff durchstreifen. ... Jedes Kind unter 6 Jahren ist als »Kleinkind« oder »Baby« zu bezeichnen. Die Gouvernante ist voll für die Handlungen, das Benehmen und die sittliche Gesinnung der Kinder verantwortlich. ... Die Gouvernante darf die ihr anvertrauten Kinder nach ihrem Ermessen schlagen oder züchtigen.

Alle Macht der Gouvernante! Zu den Eltern finden sich hingegen nur zwei knappe Sätze:

> Ihre Kleidung und ihr Unterhalt werden von den Eltern bezahlt. Sie nehmen ihre Mahlzeiten gemeinsam ein und dürfen nicht ins Kinderzimmer.

Das klingt doch sehr nach Abgabe der elterlichen Sorge an die Sea-Org-Verantwortlichen. Wenig überrascht daher ein Beispielbericht der Süddeutschen Zeitung vom 21.4.1997, der beschreibt, wie in der Sea-Org mit Kindern und Jugendlichen umgegangen wird:

> Auf Tanya warten acht bis zehn Stunden Arbeit am Tag, dazu fünf Stunden Studium der Hubbard'schen Schriften. Vor Mitternacht kommt sie selten ins Bett. Etwa 300 Scientologen leben in Saint Hill, dazu, nach Scientologys eigenen Angaben, 77 Kinder und Teenager. »Die Kinder werden«, sagt Tanya, »immer mehr. ... Keine Arbeit war offenbar zu hart für Kinder von zum Teil gerade 14 Jahren.« ... Sie habe ihren Posten nicht verlassen dürfen,

selbst nicht, als sie unter Fieber gelitten habe. Einmal sei sie von einer anderen Scientologin zusammengeschlagen worden, »sie wollten nicht, dass ich zum Arzt gehe. Bis ich gesagt habe, ich arbeite keinen Strich mehr«. Der Arzt habe dann eine Gehirnerschütterung diagnostiziert und mindestens drei Tage Ruhe verordnet, »aber ich durfte mich nicht hinlegen, ich war ja auf Posten. … Du wirst fertiggemacht, angeschrien, erniedrigt«.

Ähnliche Berichte gibt es inzwischen einige, vor allem aus den USA. Es ändert sich nichts. Angst und Strafe beherrschen die Kinder und Jugendlichen in der Eliteeinheit, die keine Widersprüche duldet: »Diese Strafen schufen einen Sinn für Ordnung, der sehr wichtig für das Leben auf der Ranch war, denn bei fast allem, was man tat, ging es um die Gruppe, ob man nun sieben war oder siebzehn.«[95]

Der Sea-Org-Abteilung wird immer wieder bescheinigt, sie sei eine militärisch durchorganisierte Einheit. Die Organisation und ihre gedrillten Anhänger widersprechen dem jedoch stetig und behaupten, die Sea-Org sei nichts anderes als ein religiöser Orden, wie man ihn auch aus anderen Religionsgemeinschaften kennt. Abgesehen davon, dass häufig genug weggesehen wird, wenn im Namen des Glaubens Menschen in ihren Rechten beschnitten werden oder gar Schlimmeres geschieht, so ist es doch bemerkenswert, dass die Zustände in der Elite-Einheit der Scientology-Organisation von ihren Vertretern als Glaubensausübung bezeichnet werden. Ein Einblick in das Mekka in Los Angeles, den nur die Menschen geben können, die den Umgang dort selbst erlebt haben, zeigt, wie umfassend der Drill für die Kinder war und wohl immer noch ist:

Nachdem alle Inspektionen beendet waren, kam die Chinesenschule. Chinesenschule hieß Nachsprechen: Wir mussten alles genau wiederholen, wie wir es gehört hatten. L. Ron Hubbard hatte den Begriff »Chinesenschule«

95 Ebd., S. 66.

gewählt, weil er den Unterricht der Chinesen beobachtet hatte (angeblich, Anm. d. Verf.) und beeindruckt gewesen war, wie gut die Schüler dem Lehrer folgten. In LRHs (L. Ron Hubbard, Anm. d. Verf,) Version der Chinesenschule wurden Zitate von ihm in großen Buchstaben auf Papier geschrieben, sodass wir sie alle lesen konnten. ... Jemand rief laut einen Teil des Zitats und sagte dann: »Was ist das?« Dann sprachen wir das Zitat mehrfach einstimmig, laut und deutlich nach, am Ende auswendig. ... Eine besondere Lektion galt dem Backflashing. Backflashes war der scientologische Begriff für Widerworte. »Backflashes sind unnötige Antworten auf einen Befehl.« Diesen Grundsatz wiederholten wir so lange, bis jeder ihn fehlerfrei aufsagen konnte«[96]

Strafe muss sein

Befehle ausführen ohne Widerspruch – so erzieht man zum absoluten Gehorsam. Bei diesem Vorgehen kann es auch nicht verwundern, dass Strafen ohne Murren akzeptiert werden und die Mitglieder und Mitarbeiter selbst im Rehabilitation Project Force (RPF) nichts Verwerfliches sahen:

Anfang 1974 wurde an Bord des Sea-Org-Flaggschiffes »Apollo« das »Rehabilitation Project Force« (RPF) eingeführt. Corydon (ein kritischer Buchautor, Anm. d. Verf.) nennt es ein »slave labor prison project« (Sklavenarbeit-Gefängnisprojekt). Wer zum RPF-Insassen wurde, musste die Reste essen, die die Schiffscrew übriggelassen hatte. Er durfte nicht ohne Erlaubnis mit anderen Passagieren sprechen, schlief in verdreckten Maschinenräumen, trug zur Kennzeichnung einen blauen Overall und durfte sich nur im Trab bewegen. Ein gewöhnlicher Grund, jemanden ins RPF zu schicken, war dessen Absicht, Scientology zu verlassen.[97]

Zu Hubbards Motiven für die Einrichtung des Programms im Januar 1974 gehörte auch persönliche Vergeltung. Als Hubbard Ende 1973 auf Teneriffa an Land gegangen war, um mit seinem Motorrad zu fahren, stürzte er und erlitt Verletzungen. Während er sich an Bord des Flaggschiffs erholte, machte er namentlich nicht genannte Besatzungsmitglieder für den Unfall

96 Ebd., S. 68.

97 Christoph Minhoff /Martina Müller: Scientology. Irrgarten der Illusionen. Berlin, 1998, S. 43.

verantwortlich, die seiner Meinung nach seine Befehle nicht mit genügend Sorgfalt ausführten. Als Reaktion darauf ordnete er die Schaffung des RPF an. Seine Absicht war, ihm alle diejenigen zuzuweisen, die eine gegen seine Anordnungen oder Wünsche gerichtete »Gegen-Intention« hatten ..., dazu alle Störenfriede und Rückfälligen.[98]

Als wäre diese Erziehungseinrichtung für Störenfriede noch nicht genug, gab es wenig später noch eine Verschärfung. Hubbard schuf das RPF im RPF. Auch dies ist schriftlich, in einer Flag-Conditions-Order, (»Flag-Zustandsbefehl«) dokumentiert. Dorthin kommen die Personen, die sich bereits im »normalen« RPF befinden, aber keinen befriedigenden Fortschritt machen, weil sie beispielsweise keine »Notwendigkeit für eine Wiedergutmachung ... erkennen oder irgendein Mittel, dies zu bewirken«.[99]

Nach der Maßgabe, dass es alles, was auf den Schiffen existierte, auch an Land geben soll, sind diese Lager überall zu finden, wo sich Sea-Org-Abteilungen befinden, also auch in England und Dänemark. Die bisher drastischsten Schilderungen von ehemaligen Insassen eines solchen Lagers stammen aus Kalifornien. Berichtet wird von Maßnahmen wie Freiheitsentzug, Zwang zu schwerer körperlicher Arbeit, Schlafentzug, ungenügende Ernährung und mangelnde medizinische Betreuung. Natürlich fehlt auch hier – einem Erziehungslager ähnlich – nicht das intensive Studium der ideologischen Schriften Hubbards:

Wenn weder Strafen noch dringende Arbeitszuteilungen Konflikte mit der Zeit für das Studium bedeuteten, verbrachten RPF-Insassen bis zu fünf Stunden täglich damit, Scientology-Lehrsätze zu studieren und an zahlreichen Auditing- und Beichtsitzungen teilzunehmen. ... Man muss als wahrscheinlich annehmen, dass der Zweck dieses intensiven Studiums da-

98 Stephen A. Kent: Gehirnwäsche im Rehabilitation Project Force (RPF). Hamburg, 2000, S. 21.

99 Ebd.

rin bestand, jemandem Hubbards Lehre zur gleichen Zeit einzuflößen, zu der noch ein weiterer RPF-Aspekt aktiv war – erzwungene Geständnisse. Das heißt, während jemand das studierte, was nach Scientology-Meinung die eindeutige Wahrheit darstellte, erhielt der Betreffende ständig ... die Botschaft, dass er schwach und schuldbeladen und zu seiner Anleitung voll und ganz auf die Lehren des Anführers angewiesen sei.[100]

Und die Sea-Org-Kinder? Auch über Kinder gibt es Berichte aus dem RPF. Nach der Ideologie auch logisch, denn die FLAG-Order 354 mit der Überschrift SEA-ORG *Children* beginnt mit dem eindeutigen Satz: »Sea-Org Children are crew«. Sie gehören also zur Mannschaft, zur Besatzung der Sea-Org. 1976 soll Hubbard ein Kinder-RPF eingerichtet haben. Die Dokumentenlage darüber ist zwar spärlich, was bekannt geworden ist, ist von der Organisation jedoch unbestritten:

Das Schreiben oder Memo von einer Seite Länge gibt auch Einsicht in das Leben von Kindern in der Cadet Organisation und in Verbindung mit ihr. Cohee schrieb, es gebe »verschiedene Kadetten und ›abgehauene Kadetten‹ (d.h. Ausreißer), die in das Kinder-RPF gehören«. Während die meisten Kadetten sich besserten und »produktiv« seien, gäbe es einen sehr kleinen Prozentsatz von Unruhe- und Störungsquellen, die die Bemühungen sabotierten, die Dinge in Ordnung zu bringen. Ein (im Text genannter) Junge war ein spezielles Problem: »Er muss aus den Tätigkeitsgebieten aller anderen herausgenommen werden (d.h. aus der täglichen Arbeit der Organisation) und an das Kinder-RPF überstellt werden. (Er) hat vor kurzem eine Rasierklinge genommen und sich überall auf den Armen ›X‹ in die Haut geschnitten. Er ist in der PT (present-time = Jetztzeit) psychotisch und muss genau beaufsichtigt werden.«[101]

Im Hier und Jetzt »psychotisch« – für diese Fälle gibt es ein besonderes Programm, den so genannten Introspection-Rundown. Nach den Unterlagen wurde dieser 1974 von Hubbard in einer Anweisung festgeschrieben, allerdings

100 Ebd., S. 42.
101 Ebd. S. 47.

1991, fünf Jahre nach Hubbards Tod, überarbeitet. Scheinbar hat dieser »Kurs« seit dem Machtwechsel an Bedeutung gewonnen. Zweck dieses Kurses ist es,

die Dinge zu lokalisieren und zu korrigieren, die jemanden dazu bringen, seine Aufmerksamkeit nach innen zu fixieren, auf sich selbst. ... Dieser Rundown orientiert die betreffenden Personen nach außen, sodass sie ihre Umwelt sehen und beherrschen und daher mit ihr umgehen können.[102]

Die Verantwortung für diesen lang andauernden Prüfungsprozess liegt bei den so genannten »Fallüberwachern«, die für diese schwierigen Fälle sensibilisiert werden:

Die Fallüberwachung und das Auditieren bei Psychos ist eine sehr präzise und sogar riskante Angelegenheit. ... Sie befinden sich am niedrigsten Punkt auf der Wirkungsskala, sind daher empfindlich (bestenfalls) und leicht zu überwinden.[103]

Der einmal als psychotisch eingestufte Mensch ist nicht mehr in der Gemeinschaft zu »heilen«:

Wenn sich jemand in einer psychotischen Krise befindet, muss man ihn isolieren, um ihn zu beruhigen und ihn und andere vor möglichen Schäden zu schützen.[104]

Hier stellt sich die Frage, ob das nicht der Knackpunkt ist. Wurde dieser »Rundown« nicht eher darum als Isolationsmaßnahme konstruiert, um unbedingt zu unterbinden, dass Menschen, die durch die scientologische Tretmühle psychische Auffälligkeiten zeigen, in die Außenwelt gelangen? Schließlich würde damit öffentlich dokumentiert, welche Auswirkungen die scientologische Hirnwäsche haben kann.

Hubbard bezeichnet diese Maßnahme als den endgültigen Durchbruch, die Existenz von Psychiatrie zu behe-

102 L. Ron Hubbard: HCO Bulletin, 23.1.1974, bearbeitet am 25.4.1991.

103 Ebd.

104 Ebd.

ben. Dass man sich mit dieser Behandlung am Rande der Legalität bewegt, da die Anweisung, Menschen zu isolieren, ja durchaus als Freiheitsberaubung gewertet werden kann, macht im Kursprogramm ein Absatz deutlich:

> Wird jemand nach Abschluss der Bearbeitung einer psychotischen Krise aus der Isolierung entlassen, ist es üblich, ihn wieder willkommen zu heißen und verlorene ARK aus der Gruppe wiederherzustellen – falls erforderlich, mit einer Meldung in den Tagesbefehlen. ... Es würde formell mitgeteilt, dass der/die Betreffende gerne wieder aufgenommen worden sei und dass man ihm/ihr erlauben werde, angerichteten Schaden wiedergutzumachen, dass er /sie aber nicht dazu gezwungen werde. Bei einem Personalangehörigen würde man eine Überstellung an das RPF erwarten – falls ein RPF dort existiert – und die Anweisung, Schaden gutzumachen.[105]

An diesen Ausführungen wird einiges deutlich. Die wahrscheinlich von Hubbard einmal für die Sea-Org entwickelte Maßnahme des Introspektion-Rundowns (für diese These spricht das Erstellungsdatum des ersten Bulletins von Hubbard) kann nun jeden treffen, der bei Scientology-Kursen aus Sicht der Organisation als psychotisch eingestuft wird. Die Eingangsbedingung, »wird jemand aus der Isolation entlassen«, wirft die Frage auf: Gibt es Menschen, die nicht aus der Isolation entlassen werden? Was passiert mit diesen? Werden sie alle irgendwann von Scientology ausgeschlossen?

Letzteres ist zwar eher selten – man will seine Schäfchen ja halten –, aber ein Ausschluss ist nicht unmöglich. Solche Fälle sind dokumentiert.[106] Generell sind die Fragen nach den Folgen des Rundowns bzw. der Verbleib der »Kranken« jedoch schwer zu beantworten. Feststehen kann nur: Die Maßnahme kann bei den Betroffenen bestimmt nichts Gutes bewirken.

---

105 Ebd.

106 Vgl. Heinrich Küfner/Norbert Nedopil/Heinz Schöch: Gesundheitliche und rechtliche Risiken bei Scientology. Lengerich, 2002, S. 131.

Scientologys VIPs

Prominente Zeitgenossen, darunter in erster Linie Musiker, Schauspieler und andere Künstler, genießen bei Scientology besondere Zuneigung – vorausgesetzt, sie sind linientreu. Extra für sie gibt es die »Celebrity Centers«, kurz »CC«. In ihrer weltumspannenden Gesamtheit bilden sie innerhalb der Scientology-Organisation eine eigene Einheit. Die »getarnten Engelchen« werden hier scientologisch betreut und begleitet. Auch hier klare Aufgabenzuweisung und Ansprüche an das Verhalten:

> Das Celebrity Center ist dafür verantwortlich sicherzustellen, dass Prominente (Celebrities) in ihrem Machtbereich expandieren. Diese Organisation ist auch für die Grundausbildung einer prominenten Persönlichkeit in der Scientology verantwortlich.[107]

Damit gilt für die scientologische Promi-Szene wie für alle anderen: Hubbards Richtlinien sind bindend. Den Machtbereich auszubauen heißt hier auch, mit Namen und Position in der Gesellschaft das Image der Organisation zu fördern, den möglichen Einfluss auf Kultur, Gesellschaft und Politik zu nutzen, um Scientology Türen zu öffnen. Genauso heißt es für diese Szene aber auch, möglichst in ihrem Freundes-, Kollegen- und Familienkreis zu werben oder zumindest dafür zu sorgen, dass diese der Organisation nicht kritisch gegenüberstehen.

Tom Cruise, John Travolta, Anne Archer, Chick Corea, Isaac Hayes und Kirstie Alley sind wohl die bekanntesten Mitglieder der Scientology-Organisation aus der Glamourwelt Hollywood. Die Hubbard-Anweisung mit dem Titel

107 FO 2361, Abk. CC.

Wie man seinen Freunden Scientology verkauft dürfte auch ihnen gut geläufig sein. Das Schneeballsystem von Kopf zu Kopf funktioniert auch in ihren Kreisen, denn die scientologischen »Ruin-Points«, die individuellen Schwachstellen eines jeden Menschen, wird es dort genauso geben wie im Rest der Gesellschaft.

Aufgrund seines Ansehens und seiner Bekanntheit fällt es einem John Travolta, einem Tom Cruise oder im deutschsprachigen Raum einem Maler Gottfried Helnwein in der Regel leichter, Kontakt aufzunehmen mit Personen, die in der Gesellschaft Verantwortung tragen oder zumindest Einfluss auf Kultur und Politik haben. Diese Kontakte gilt es dann, ganz im Sinn der Scientology zu pflegen.

Ein Beispiel dazu, was es heißt, mit einem funktionierenden Scientology-Celebrity befreundet zu sein, kann das Ehepaar Victoria und David Beckham liefern. Das britische Glamour-Paar würde die scientologische Promi-Szene sicherlich schmücken und ein internationaler Fußballstar würde sicherlich Türen in die gesamte Sportszene öffnen. Also versuchte Hollywoodstar Tom Cruise hier sein Glück und versuchte über das freundschaftliche Verhältnis ein Interesse für Scientology zu generieren. Wie man der Presse jedoch entnehmen konnte, war vor allem David Beckham resistent und eher genervt von den Anwerbeversuchen.

Gerade die Debatte um Tom Cruise und seine (mittlerweile Ex-) Frau Katie Holmes haben weltweit eher negative Schlagzeilen hinsichtlich der Zugehörigkeit des Stars zu Scientology gemacht. Im Internet nachzulesende Aussagen wie »Sein gesamtes Umfeld ist genervt von Toms Kontrollzwang. Am meisten Sorgen muss man sich jedoch wohl um seine Ehefrau machen« haben dem Boss Miscavige sicher nicht wirklich gefallen. Umso hilfreicher war es, dass sich relativ zeitnah eine andere sehr prominente Person für Scientology aussprach: *Jennifer Lopez verteidigt Scientology* war eine Schlagzeile Ende Januar 2007. Ihr Daddy sei seit 20 Jahren dabei, lässt sie verkünden, und eine ihrer engsten Freundinnen ebenfalls. Sie selbst gehöre nicht dazu, aber sie sei traurig, dass »die Leute« Scientology so negativ darstellen. Da kann doch die Führung des Systems gleich wieder lächeln – bei einer so charmanten Lobbyistin.

Seit der für negative Schlagzeilen sorgenden spektakulären Trennung von Katie Holmes und Tom Cruise könnte allerdings vielleicht auch Frau Lopez ins Nachdenken geraten sein, denn im Prominentenlager rumort es seither sehr.

Eine wichtige Rolle spielt hierbei noch ein weiteres, medial stark diskutiertes Ereignis, das die erwähnte enge Freundin von Jennifer Lopez betrifft. Auch diese ist keine Unbekannte, jedenfalls nicht für Fans der US-amerikanischen Serie King of Queens. Die Serie läuft als Dauerbrenner auch im deutschen Fernsehen. In Gastrollen waren auch schon mal andere Scientology-Prominente wie zum Beispiel Kirstie Alley zu sehen. Sie und die weibliche Hauptdarstellerin, Leah Remini, wurden 2006 von der Organisation mit der *Platin Meritorious Medaille* ausgezeichnet. Laut Scientology gelten sie damit als »wahre Verfechter der Freiheit«.

Diese Verfechterin der Freiheit, Leah Remini, hat sich nun verabschiedet von der Organisation. Die Besonderheit an ihrer Geschichte: Wir erfahren in diesem Ausnahmefall öffentlich einiges über die Gründe: Zusammengefasst soll Frau Remini schon seit einiger Zeit kritische Gedanken über die Organisation gehegt haben. Auf der Hochzeitsfeier von Tom Cruise und Katie Holmes, so heißt es, habe sie sich über den Boss Miscavige schließlich so geärgert, dass sie kurz danach die Organisation verließ.

Auslöser soll die Erkundigung von Leah Remini bei Miscavige nach seiner Ehefrau Shelly gewesen sein, die sie anscheinend gut gekannt hat und die seit einiger Zeit nicht mehr gesehen wurde. Die Antwort bzw. wohl Nichtantwort von Miscavige soll Leah Remini, aber auch die ebenfalls anwesende Jennifer Lopez erzürnt haben. Das Schicksal von Shelly Miscavige hat auch schon andere, vor allem Aussteiger aus den USA, die sie kannten, beschäftigt.

Die immer wiederkehrende Frage ist, warum die Organisation so attraktiv für Hollywoodschauspieler und andere in der Öffentlichkeit stehende Personen ist. Warum sind auch diese als äußerst erfolgreich wahrgenommenen Personen von der Organisation anwerbbar?

Nun, für diese Menschen gilt dasselbe wie für alle anderen: Es wird angesetzt bei den menschlichsten Schwachstellen. Der Wunsch nach Ruhm in Hollywood oder anderswo kann ja schon der Einstieg sein, um sich in das Kurslabyrinth zu begeben. Wer hört nicht gern, dass er oder sie zur Elite der Welt gehören kann, wenn er oder sie nur die Hindernisse erkennt, die ihn oder sie bisher daran gehindert haben. Leider ist es so einfach. Und noch einfacher ist es, jemanden einzufangen, wenn ihm bekannte Personen die angebliche Leichtigkeit des Karriereaufstiegs vermitteln.

Besondere Einsätze werden den prominenten Personen angetragen, wenn eine scientologische Gefahrenabwehr geplant wird und dazu ihr Einfluss benötigt wird. So geschehen während der in Deutschland geführten kritische Diskussion um Scientology in den 1990er-Jahren: Als die Scientologen in Deutschland vorbrachten, wegen ihrer religiösen Überzeugung verfolgt zu werden, wurde eine Art offener Brief an den damaligen Bundeskanzler Helmut Kohl verfasst, in dem die Empörung über diese »Diskriminierung« zum Ausdruck gebracht wurde. Unterschrieben hatten diesen Brief auch Stars aus Hollywood, die in der Vergangenheit nicht durch eine Nähe zur Organisation aufgefallen waren, wie Dustin Hoffman und der Regisseur Oliver Stone. Stone soll sich später von der Unterschrift distanziert haben. Doch wenn es so gewesen sein sollte, ist dies natürlich nicht so breit in die internationale Öffentlichkeit gedrungen.

Der berühmte Name als Türöffner. Keiner scheint dieses Prinzip zur Verbreitung der Scientology besser genutzt zu haben als Tom Cruise. Analog zu den nach der Jahrtausendwende in internen Zeitschriften von der Scientology-Spitze verkündeten Plänen zur Invasion in Europa hat anscheinend Tom Cruise in den europäischen Ländern genau diese Türöffnerfunktion übernommen. 2006 wurde ein Schriftwechsel bekannt, in dem er sich beim US-amerikanischen Außenministerium dafür bedankt, dass ihm geholfen wurde, in Europa über die US-Vertretungen gegen die Diskriminierung seiner »Religion« etwas zu tun. Die in den europäischen Hauptstädten im letzten Jahrzehnt eröffneten Zentralen zeigen, dass Tom Cruise wohl in die gesamte Kampagne einbezogen war. In Madrid war er persönlich vor Ort. In Berlin, bei der Eröffnung Anfang 2007, hoffte man zwar vergeblich auf ihn, aber sein medialer Werbeauftritt war ihm bereits vorher gelungen. Der regierende Bürgermeister hatte sich bei einem anderen Anlass und lange vor der Eröffnung des neuen Gebäudes strahlend neben ihm in der Öffentlichkeit präsentiert. Es ist also nicht nötig, in die USA zu blicken, wenn man Spuren der Vereinnahmung von Politikern in die Propagandamaschinerie der Scientology sucht.

Eines der spektakulärsten Ereignisse dieser Art hat sich in den 1990er-Jahren im deutschen Fernsehen abgespielt: In der Hochphase der politischen Auseinandersetzung mit

Scientology und anderen problematischen Gemeinschaften in Deutschland trat die damalige grüne Vizepräsidentin des Deutschen Bundestages, Antje Vollmer, in der damals sehr beliebten Talk-Show von Alfred Biolek auf. Daran ist zwar zunächst einmal nichts Besonderes, allerdings saß an ihrer Seite der österreichische Maler Gottfried Helnwein, von dem eigentlich schon lange bekannt war, dass er Mitglied der Scientology-Organisation ist. In der Zeit, als diese Talkrunde zustande kam, war die Enquête-Kommission im Deutschen Bundestag etabliert worden, die sich mit dem Phänomen der sogenannten Sekten und Psychogruppen befasste. Gleichzeitig fand auch die Kampagne in den USA gegen Deutschland statt. Frau Vollmer, zu der Zeit eine der höchsten Repräsentantinnen der Bundesrepublik, ließ sich zu einer Äußerung herab, die den Strategen der Scientology wunderbar ins Konzept gepasst haben muss: Der Maler Helnwein, dem das Oberlandesgericht Frankfurt/M. 1996 attestiert hatte, er sei Geistlicher der Scientology, ergeht sich in düsteren Ankündigungen, dass er in die USA auswandern wolle, da er sich in Deutschland diskriminiert fühle. Frau Vollmer war hierüber empört und zog einen historischen Vergleich:

> Es kann nicht angehen, dass heute schon wieder deutsche Künstler nach Amerika fliehen müssen.

Unmissverständlich zieht sie eine Verbindung zur Vertreibung von Künstlern wie Thomas Mann, Bertolt Brecht oder Oskar Maria Graf aus Nazi-Deutschland – also genau dasselbe Horn, in das zeitgleich die Scientologen in den USA bliesen. Besser ist die Strategie der Organisation im deutschen Fernsehen wohl nie aufgegangen.

In den USA wird die Nähe zu den Stars wie selbstverständlich zelebriert. Da taucht der Hubbard-Nachfolger David Miscavige an der Seite von Tom Cruise bei der Oscar-Verleihung auf. Am jährlichen Fest der US-amerikanischen Kultur teilnehmen zu dürfen, das bedeutet einiges. Wer bei dieser Veranstaltung auftaucht, gar von den Kameras erfasst wird – und das dürfte an der Seite von Tom Cruise kein Problem sein –, der kann sich im Licht der weltweiten Öffentlichkeit sonnen. In Hollywood scheint dies für Scientology fast uneingeschränkt zu gelten. So dankte John Travolta anlässlich einer Preisverleihung ausdrücklich L. Ron Hubbard. Aber eben nicht nur dort. Bereits nach dem Tod von Hubbard 1986 unterschrieben viele Künstler auch in Deutschland eine Kondolenzanzeige in der FAZ – unter ihnen natürlich auch Gottfried Helnwein.

Aber selbst weniger bedeutende Künstler, wie der Scientologe und Maler Pablo Röhrig in Hamburg, können sich mit Glamour umgeben. Herr Röhrig präsentiert durchaus gerne, auch in einem Bildband mit seinen Werken, den so beliebten Thomas Gottschalk (mit seiner Frau), der wiederum gerne mal mit John Travolta auf seinem *Wetten-dass..?*-Sofa über den neuesten Film plauderte. Im Bildband findet sich auch ein Foto des Gemäldes von der Sportlerin Katrin Krabbe. Es gibt zwar keinerlei Anhaltspunkte, dass Thomas Gottschalk oder Katrin Krabbe in einer Verbindung zu Scientology stehen oder auch nur wissen, dass Pablo Röhrig Scientologe ist. Die Wirkung solchen Schaffens darf man aber trotzdem nicht unterschätzen, denn die Betrachter dieser Bilder fragen sich unwillkürlich, wie ist es dazu gekommen, dass das Ehepaar Gottschalk sich von diesem Künstler malen ließ? Die Nähe zu prominenten Persönlichkeiten ist kein schlechter Anfang für Gespräche. Es macht den Maler interessant, und ein Hauch von Wichtigkeit kann ihn umgeben. So einen möchte man vielleicht näher kennen lernen.

Kontakt herstellen, Gespräche führen – der Einstieg in das System für unbedarfte Kunstfreunde kann schnell gehen.

Abwehr von Hindernissen auf dem Weg zum endgültigen Ziel, Scientology in der Politik zu etablieren, scientologische Regierungen zu schaffen und gleichzeitig Organisation und die Ideologie werbewirksam unters Volk zu bringen – diese Strategie wird angewandt bei Kampagnen mit prominenter Hilfe weltweit. Die eigenen Leute dazu zu benutzen ist der eine Teil, Lobbyisten zu produzieren der andere. Dazu gehört auch die Erkenntnis, dass man an der Presse nicht vorbeikommt. Hubbard war das von Anfang an klar, und so gelten zwar Journalisten als »nicht leicht handhabbar«, aber durchaus als nutzbar für die eigenen Ziele. Bei jeder Gelegenheit wie auch bei kritischer Berichterstattung werden alle Register gezogen, denn Negativschlagzeilen nicht zu verhindern ist ein Schwerverbrechen in Hubbards Gesetzbuch:

Im Angesicht einer Gefahr durch Regierungen oder Gerichte gibt es nur zwei Fehler, die man machen kann: a) nichts zu tun und b) sich zu verteidigen. Die richtigen Dinge, die zu tun sind, um jeglicher Bedrohung zu begegnen, sind:

1. herausfinden, ob wir das Spiel, das angeboten wird, spielen wollen oder nicht;
2. falls nicht, das angebotene Spiel mit einem Täuschungsmanöver oder einem Angriff auf den verwundbarsten Punkt, der in den Reihen des Feindes gefunden werden kann, zur Entgleisung zu bringen;
3. genügend Drohungen und Getöse veranstalten, um dem Feind den Mut zu nehmen/ihn zum Zittern zu bringen ...
5. jeden Angriff gegen uns auch zu nutzen, Scientology zu verkaufen und
6. zu gewinnen.[108]

108 Zitiert in: Tom Voltz: Scientology und (k)ein Ende. Düsseldorf, 1995, S. 180.

Das ist die Vorgabe. Für die Umsetzung gilt Folgendes (und das sollten sich alle, die in Versuchung geraten, Prominente oder auch andere Mitglieder der Organisation als Menschen wie du und ich zu behandeln, immer vor Augen führen):

Aktionen:
Den Glauben und die Einstellung der Öffentlichkeit gegenüber Gesellschaften und Personen verschlechtern, die Ziele haben, die sich gegen diejenigen der Scientology richten. …

Auf Regierungen konstanten Druck ausüben, um eine Pro-Scientology-Rechtsprechung zu erreichen und Anti-Scientology-Rechtsprechung von der Scientology feindlich gesinnten Gruppen zu verhindern.

Beschreibung:
Wenn wir den Zweck und die Handlungen dieses Postens betrachten, dann sollte sofort offensichtlich werden, dass wir hier, um einen alten politischen Ausdruck zu gebrauchen, tatsächlich das Äquivalent eines Ministeriums für Propaganda und Sicherheit haben.

Operation:
Obwohl diese Abteilung anscheinend (die Gruppe) als ihr Ziel hat, handhabt sie tatsächlich nichts anderes als INDIVIDUEN. Um dies zu erreichen, muss sie nur einzelne Menschen als Freunde und Verbündete gewinnen.
Zum Beispiel:

a. Die Aktion, für bessere Presse zu sorgen, besteht darin, Freundschaft mit einem Herausgeber zu schließen …

f. Die Aktion, eine Pro-Scientology-Regierung zu erreichen, besteht darin, sich die höchstplatzierte Regierungsperson, an die man herankommt, zum Freund zu machen und in ihrem privaten Haushalt oder in Büropositionen in ihrer Nähe Scientologen zu platzieren und dafür zu sorgen, dass Scientology ihre Sorgen und ihren Fall löst.

g. Die Aktion, feindliche Gerüchte in der Öffentlichkeit zu reduzieren, besteht darin, sie hartnäckig zu der Person zurückzuverfolgen, die sie verbreitet, und diese Person direkt zu konfrontieren und sich deren direkter Opposition zu entledigen.[109]

---

109 Ebd., S. 181f.

So will Scientology eine Lobbyistenkultur für den Sieg der Organisation entwickeln. Die Prominenten dienen als Türöffner, aber das Gewinnen von Verbündeten geht weit über einen Pressetermin hinaus. Und jedes Mittel ist recht, solange es der Organisation dient.

Nichts wie weg – der Ausstieg

Die Aussteiger hatten überwiegend hochrangige Positionen innerhalb der SO- Führungsebene (SO = Scientology, Anm. d. Verf.) inne. Sie verfügten somit über nachweislich gute Zugangsmöglichkeiten, was die im Rahmen der SO geheimzuhaltenden Informationen angeht. Ihre Aussagen decken sich in den entscheidenden Punkten völlig, obwohl sie in verschiedenen Ländern in verschiedenen Positionen innerhalb der SO tätig waren und ihre Erfahrungsberichte unabhängig voneinander abgaben. Sie stehen zudem im Einklang mit den aus einer umfassenden Auswertung der SO-Primärliteratur gewonnenen Erkenntnisse über die Verhältnisse innerhalb der SO. Für die Glaubwürdigkeit spricht darüber hinaus, dass die Ex-Scientologen ihre Erklärungen im Rahmen von Gerichtsverfahren in eidesstattlicher Form abgegeben haben …

Die SO konnte die Glaubwürdigkeit der Aussteiger nicht erschüttern. Zentrale Kritikpunkte wurden von der SO nicht bestritten. Vielmehr wendet die SO gegenüber den Aussteigern die scientologische Technik an, die Kritiker zu diffamieren und mit Gegenvorwürfen und Prozessen zu zermürben.[110]

Wie viele Mitglieder jährlich die Organisation verlassen oder es zumindest versuchen, ist nicht bekannt. Es ist davon auszugehen, dass die wenigsten nach dem Ausstieg den Weg zur Beratung suchen. Doch plötzlich außerhalb des Systems klarzukommen ist mitunter sehr schwierig. Und dabei ist es sicherlich von Bedeutung, wer, wie, wo und vor allem wie lange sich jemand in der Organisation bewegt hat. Wie viel »Dosis« Scientology sozusagen im Einzelfall verabreicht wurde. Aber unabhängig davon ist der Weg hinaus immer steinig. Die verinnerlichte Lehre – Scientology als alleingültiger Weg mit der gleichzeitigen Dämonisierung der nichtscientologischen Welt und vor allem der Personen, die sich

110 Bayerisches Staatsministerium des Innern: Der Verfassungsschutz informiert. München, 1998, 32f.

kritisch mit dem System auseinandersetzen – kann selbst bei Zweifeln während der aktiven Zeit dazu führen, dass man lieber bleibt, als den Schritt in die so feindliche Welt zu wagen.

Der häufig vollzogene Bruch mit Angehörigen und Freunden wird die Skepsis wahrscheinlich bei vielen Zweiflern noch erhöhen. Außerdem ist jeder Zweifel schon ein scientologisches Verbrechen, man selbst diagnostiziert bei sich das scientologische Stigma der »potenziellen Schwierigkeitsquelle«. Darüber mit den scientologischen »Freunden« zu sprechen ist weder vorgesehen noch ratsam, denn man kann nicht wissen, ob nicht sofort ein Wissensbericht über die Zweifel geschrieben wird. Die interne gegenseitige Kontrolle funktioniert. Denn auch derjenige, dem man sich anvertrauen möchte, wird in Mitleidenschaft gezogen. Er darf von Zweifeln nichts wissen, das hindert ihn wiederum am Fortkommen im System. Ein Teufelskreis, der sich im Kopf abspielt. Und nebenbei wird immer wieder im Kurssystem vermittelt, dass die Fehler nur bei einem selbst liegen, denn einen Fehler der Organisation könne es nicht geben.

Um von vornherein etwaige spätere kritische Äußerungen über das Erlebte während der Zugehörigkeit zu diffamieren, wird vermittelt, dass eine Abkehr von der Scientology nur deswegen geschieht, um die eigenen Fehler, das eigene Versagen im Nachhinein zu rechtfertigen. Bei Hubbard heißt es unter anderem dazu:

> Um dieses Weggehen zu rechtfertigen, erträumt die weggehende Person Dinge, die ihr angetan wurden, in dem Bemühen, den Overt dadurch zu verkleinern, dass diejenigen herabgesetzt werden, denen er angetan wurde. Die daran beteiligten Mechaniken sind recht einfach. … Die Person bringt sich mit ihren eigenen Overts und Withholds zum Abhauen. … Indem wir das Weglaufen erlauben, ohne es zu klären, degradieren wir Leute, denn ich

versichere Ihnen, und mit etwas Betrübnis, dass Leute sich nicht oft von Overts gegen Scientology, ihren Organisationen und damit in Verbindung stehenden Leuten erholt haben. Sie erholen sich nicht, denn sie wissen in ihrem Herzen, selbst während sie lügen, dass sie Leuten Unrecht zufügen, die ernorm viel Gutes in der Welt getan haben und tun und die definitiv keine schriftlichen oder mündlichen Verleumdungen verdienen. Im wahrsten Sinne des Wortes bringt es sie um, und wenn Sie es nicht glauben, kann ich Ihnen die lange Liste von Todesfällen zeigen.[111]

Scientology selbst wird nicht müde, in der Öffentlichkeit zu behaupten, dass jede Person, die mit den Dienstleistungen nicht zufrieden ist, jederzeit gehen kann. Man gibt sich regelmäßig empört, wenn behauptet wird, dass der Weg behindert oder sogar unmöglich gemacht wird. Tatsächlich existiert ein formaler Weg hinaus nach den Vorgaben der Organisation. Die so genannte Free Loader Bill und das Prozedere dazu sind vorgeschrieben:

Bevor eine Person ihren letzten Gehaltsscheck von einer Organisation beziehen darf, die sie aus eigenem Entschluss verlässt, muss sie alle ihre Overts und Withholds gegen die Organisation und das mit der Organisation in Verbindung stehende Personal aufschreiben, und diese müssen an einem E-Meter überprüft werden.[112]

Also ein umfassendes Befragungsritual, das der Organisation die Möglichkeit gibt, noch einmal ordentlich Einfluss zu nehmen. Außerdem erfährt man bei dieser Gelegenheit auch noch einiges über die Person und möglicherweise auch über andere im System. Wer also im »guten Einvernehmen«, wie es so schön scientologisch heißt, gehen will, muss sich ein letztes Mal dem System gegenüber völlig offenbaren. Dies ist für die Organisation natürlich die perfekte Gelegenheit,

111 Heinrich Küfner/Norbert Nedopil/Heinz Schöch: Gesundheitliche und rechtliche Risiken bei Scientology. Lengerich, 2002, S. 349f.

112 Ebd.

noch einmal an die vergangenen Zeiten anzuknüpfen und denjenigen doch wieder an sich zu binden.

Parallel wird die Verantwortung dafür, dass jemand die Organisation verlassen will, anderen Mitgliedern aufgebürdet, und diese werden – sollte es nicht gelingen, die Person zu halten – auch für eventuell später auftretende Probleme, die durch den Weggang eintreten können, verantwortlich gemacht. Wer nicht alles, was er weiß, offenbart, begeht eine scientologische Straftat, sogar ein Schwerverbrechen:

> Mitarbeiter-Kollegen und andere sind darüber zu informieren, dass man die Belegschaft verlässt. Wenn eine Person heimlich plant wegzugehen und private Vorbereitungen dafür trifft, ohne die korrekten Terminals der Organisation zu informieren, und tatsächlich weggeht (abhaut) und nicht innerhalb einer vernünftigen Zeitspanne zurückkommt, muss automatisch eine Erklärung zur unterdrückerischen Person herausgegeben werden. Sollte sich herausstellen, dass als Folge davon irgendwelche Gelder oder irgendwelches Eigentum der Organisation fehlen, müssen Handlungen hinsichtlich einer Strafanzeige unternommen werden.[113]

Wie viele Mitglieder nach dieser Prozedur von ihrem Vorhaben, die Organisation zu verlassen, absehen, ist nicht bekannt. Aber die Wahrscheinlichkeit ist groß, dass das nochmalige Voraugenführen der Lehre und Vorzüge – es komme auf jeden Einzelnen an im Kampf um die Rettung des menschlichen Daseins, der einzige Weg zur wahren Erkenntnis sei ein scientologisches »Clear«, die Zugehörigkeit zur Organisation bringe Immunität bei diversen Krankheiten – fruchtet. Die erzeugte Angst, wegen Verratsgedanken krank zu werden, kann ein Übriges bewirken.

Wer all dies übersteht und bei seinem Entschluss bleibt, sieht sich dann außerhalb des Systems damit konfrontiert, dass das in der Regel nur noch aus Mitgliedern der Orga-

113 Ebd., S. 350.

nisation bestehende persönliche Umfeld wegbricht. Einmal stigmatisiert als vom rechten Weg Abgekommener dürfen die im System Verbleibenden keinen Kontakt mehr zu ihm haben. Die Gefahr, selbst bestraft zu werden, wird viele davon abhalten, Kontakte zu pflegen. Die Erfahrung zeigt, dass so manchem Scientologen erst in dieser Situation deutlich wird, wie einschränkend für die eigene Freiheit Scientology ist.

Dies gilt für diejenigen, die gegangen sind, aber auch für diejenigen, die bleiben, was die Annahme zulässt (und diese hat sich auch in Beratungssituationen hin und wieder bestätigt), dass ein Austritt eine Art Sog bewirken kann und andere dem Austretenden folgen. Dagegen gilt es für die Scientologen, Mechanismen einzubauen. Demzufolge werden Angst und Verunsicherung vor der fremd gewordenen realen Welt erzeugt, wo immer es geht.

Die Gruppe wird als geschlossene Einheit konzipiert, in der die von jedem Einzelnen verkündete Euphorie über das neu Erreichte die anderen anspornt, ähnlich erfolgreich zu werden und wenn möglich das vorgegebene Programmziel, sei es das persönliche oder das der gesamten Gruppe, zu erreichen. Die Bestätigung in der Gruppe bei den geradezu ritualisierten Treffen mit Verleihung einer Art Urkunde über den Abschluss von Kursen oder Belobigungen bei Einsatz von Kampagnen tut gut, und durch die Isolation in Form der Abkapselung nach außen erhöht sich das Gruppengefühl. Insbesondere die Vermittlung, dass es Merkmale gibt, die die Scientology als Gesamtheit von anderen Personen und Gruppen unterscheiden, verfestigt diese Wahrnehmung und gleichzeitig die Abschottung zu den nicht dazu gehörenden Personen. Hier spielt wohl vor allem die für Außenstehende nicht nachvollziehbare Sprache eine wesentliche Rolle. Die

Kommunikation nach außen ist nicht nur schwieriger, sondern in vielen Fällen erst einmal unmöglich.

Mit der Bindung nach innen verfestigt sich gleichzeitig das Feindbild. Zu dieser Gruppe zu gehören rechtfertigt die Methoden, sich gegen die »Feinde« zu wehren. Das gilt dann auch für jeden Einzelnen:

> Die klare Trennung zwischen den »guten Scientologen« und den »verdammungswürdigen Unwissenden« lässt Mitgliedern keinen Verhaltensspielraum.[114]

Die häufig völlig unverständliche Bereitschaft, sich den Verhaltenskontrollen ohne Widerspruch zu unterziehen (Ethik-Offiziere etc.), wird einerseits mit der Angst vor den Sanktionen zu erklären sein, aber andererseits auch mit der verinnerlichten, für den Einzelnen wahrscheinlich durchaus logischen Erklärung, dass all dies sein muss, um die Expansion der Gemeinschaft in der Welt, die alles und jeden retten kann, nicht zu gefährden. Außerdem hat man – der eine früher, der andere später – sein nicht-scientologisches Alltagsleben dramatisch verändert. Das Leben in und für Scientology ist der Maßstab. Alte Freunde oder Bekannte, in vielen Fällen auch die Familie, der Arbeitsplatz, Hobbys, aber auch das Denken in finanziellen Sicherheiten wird zugunsten des Lebens in der Organisation teilweise oder ganz aufgegeben. Solche Lebenssituationen lassen Kritik an verinnerlichter Lehre und Organisation und eine eigene objektive Beurteilung der Situation nicht zu,

> … weil es der Person nicht mehr möglich ist, den Grund dafür – sprich Scientology – ohne psychische Folgen in Zweifel zu ziehen (ein Tatbestand, über den der Einzelne sich nicht »bewusst« ist). »Beweisführungen« von

114 Christoph Minhoff/ Martina Müller: Scientology. Irrgarten der Illusionen. Berlin, 1998, S. 122.

Angehörigen mögen zwar kognitive Dissonanzen erzeugen, diese werden jedoch derart reduziert, dass Scientology im Überzeugungsgefüge des Betroffenen möglichst wenig Schrammen erhält.

Dieser Mechanismus wirkt so elementar, dass selbst so genannte Aussteiger, die die »Beweise« gegen die Organisation (= Dissonanz) akzeptiert und ihr den Rücken gekehrt haben, oftmals immer noch an Hubbards Lehren glauben.[115]

Man verlässt diese Organisation also nicht einfach wie einen Kegelclub oder eine andere Gemeinschaft und macht nach dem Abenteuer bei der Hubbard-Truppe einfach dort weiter, wo man vorher aufgehört hat. Die Füße sind schon raus, aber der Kopf braucht noch eine Weile. Der ehemalige Scientologe Norbert Potthoff vertritt die Auffassung, dass jemand die gleich Anzahl an Jahren, die er innerhalb des Systems verbracht hat, auch außerhalb braucht, bis er nicht mehr scientologisch funktioniert. Ob diese These für alle stimmt, ist vielleicht anzuzweifeln, da jeder doch bei aller Gleichschaltung auch einen »eigenen« Weg gegangen ist. Allerdings macht sich vor allem deutlich, dass es Zeit braucht, nicht mehr die scientologische Sprache zu sprechen. Auch die Verinnerlichung der Ton-Skala, nach der Menschen einzuteilen sind, scheinen viele ehemalige Scientologen länger zu beherrschen, als sie und vor allem auch ihr Umfeld für möglich gehalten haben. Das Knüpfen von sozialen neuen Beziehungen wird schwer, wenn man bei Begegnungen gleich im Kopf hat, ob jemand auf der Skala eventuell unter 1,1 – also versteckt feindselig – einzustufen ist.

Neben diesen nicht zu unterschätzenden emotionalen Schwierigkeiten kommt hinzu, dass die meisten sich in einer desolaten finanziellen Situation befinden. Ob als Subunternehmer bei einem WISE-Betrieb oder als hauptamtlicher

115 Ebd., S.123.

Mitarbeiter in einer der anderen Scientology-Einheiten: Geld ist knapp, denn die Bezahlung im System ist nicht darauf angelegt, etwas zu sparen. Schulden sind nach dem Ausstieg an der Tagesordnung. Es kann dann auch noch passieren, dass von der Organisation Rechnungen geschickt werden, weil man angeblich nicht für alle »Dienste« bezahlt hat. Diese Gegenrechnungen werden besonders gerne gestellt, wenn der Ausgestiegene der Auffassung ist, ihm stehe aus seiner Zeit bei der Organisation noch Geld zu.

Ein Ex-Mitglied schrieb in Deutschland gleich Rechtsgeschichte, weil er für seine Tätigkeit in Scientology Gehalt einklagte. Bis zum Bundesarbeitsgericht ging die juristische Auseinandersetzung. Scientology spricht nach außen ungern von »Mitarbeitern«, logisch, der Begriff impliziert das Recht auf Bezahlung der Arbeit. Nach deren Darstellung außerhalb des Systems handelt es sich um »ehrenamtliche Tätigkeiten«, die Organisation sorgt sich im Ausgleich um das leibliche Wohl. Das Bundesarbeitsgericht sah das 1995 allerdings anders. Danach ist die Tätigkeit als hauptamtlicher Mitarbeiter eines Vereins der Scientology in Deutschland eine zu bezahlende Arbeit. Dass in diesem Beschluss das höchste Arbeitsgericht der Organisation auch noch ins Stammbuch geschrieben hat, dass sie für sich nicht den Schutz des Artikels 4 des Grundgesetzes in Verbindung mit den Artikeln 137 bis 140 in Anspruch nehmen kann (es sich also nicht um eine Religions- oder Weltanschauungsgemeinschaft handelt), machte die Entscheidung für die Organisation doppelt unangenehm.

Das ehemalige Mitglied bekam nach dieser höchstrichterlichen Entscheidung vom zuständigen Arbeitsgericht Lohn zugesprochen. Die Hoffnung, die viele hatten, dass nach dieser Grundsatzentscheidung viele andere Aussteiger auch diesen Weg gehen würden, war jedoch leider trügerisch. Dies liegt vor allem daran, dass der Weg bis zu einer Entscheidung, die Organisation zu verklagen, sehr lang ist. Außerdem muss man sich für diesen Weg dazu entschließen, Rat und Hilfe bei Beratungsstellen zu suchen, die in der aktiven Zeit als Feindesland dämonisiert wurden. Im Kopf muss man sich schon von vielem verabschiedet haben, um diesem Beispiel zu folgen.

Zurückzukehren in den vielleicht einmal erlernten Beruf ist für viele ebenso schwierig. Meistens hat sich eine Menge verändert, und in Bewerbungsunterlagen als letzten ausgeübten Beruf eventuell »Fallüberwacher« oder »Auditor« in einer Scientology-Einheit angeben zu müssen wird die Vermittlungschancen wahrscheinlich nicht erhöhen.

Relativ gut gelingt es den ehemaligen Scientologen, wieder Fuß zu fassen, die schnell in der Lage sind, die scientologische Vergangenheit als Irrweg zu akzeptieren und zu erkennen, dass sie für das System zum Funktionieren gebracht wurden, und nun eine Distanz zu entwickeln. Diese Menschen kehren leichter zurück in die reale Welt und sind auch in der Lage, Hilfsangebote anzunehmen, sei es von vorscientologischer Zeit wieder auftauchenden Freunden oder Verwandten oder auch von Beratungsinstitutionen oder dem Staat.

Am schwersten haben es diejenigen, die als Kinder oder Jugendliche durch ihre Eltern zu Scientologen wurden. In der Regel ohne jeglichen Schulabschluss und durch die scientologischen Erziehungsmaßnahmen geprägt, scheinen sie immer auf der Suche nach familiärer Nähe und nach Wärme und haben es besonders schwer, wenn sie ihre scientologischen Eltern, manchmal sogar auch die Großeltern, im System zurücklassen. Denn sie betreten eine völlig neue

Welt, die ihnen häufig genug auch noch mit großer Skepsis entgegentritt, denn ihr Verhalten ist – wie kann es auch anders sein – scientologisch bestimmt, und das kann massive Irritationen hervorrufen. Aber auch für sie gibt es einen Weg außerhalb des Systems, mit Hilfe von nicht-scientologischen Teilen der Familie, sofern es diese gibt, viel Zuwendung und manchmal auch mit notwendiger therapeutischer Hilfe.

Im Gegensatz zu den Erwachsenen haben Kinder und Jugendliche manchmal aber auch durchaus sogar eine größere Chance, wenn sie in der Lage sind, die Angebote der Außenwelt anzunehmen und einen Schulabschluss und eine Ausbildung zu beginnen. Dies können stabilisierende Wege sein, ein ohne Einfluss der Organisation gestaltetes Leben zu führen. Aus Beratungssituationen mit den in der Organisation aufgewachsenen Ehemaligen wird allerdings bisher eines immer wieder deutlich: Die Sehnsucht nach der verlorenen Kindheit kann kein Schulabschluss und keine berufliche Perspektive stillen.

Die juristische und politische Diskussion

Seit der Entstehung der Organisation gab es keine Zeit, in der sie nicht in der Kritik stand. Die Auseinandersetzungen machen sich bis heute an denselben Punkten fest. Allerdings sind Bewertung und Schlussfolgerungen in den bald 60 Jahren der Existenz unterschiedlich. Beginnend in den 1950er-Jahren in den USA mit Diskussionen im Parlament über die Gefährlichkeit einiger Praktiken in Australien über die Diskussion in Großbritannien, die vor allem in einem umfangreichen Bericht des britischen Unterhauses Anfang der 1970er-Jahre dokumentiert ist, bis zu den Diskussionen im französischen Parlament und natürlich der Diskussion in der Bundesrepublik Deutschland sind die Feststellungen erschreckend identisch.

»Der Krieg ist vorbei«, verkündete Hubbard-Nachfolger und Boss der Organisation, David Miscavige, Anfang der 1990er-Jahre. Das Scientology-Volk jubelte; endlich hatte die US-amerikanische Steuerbehörde die Organisation als steuerbefreit anerkannt. Von der Organisation wurde dies jedoch nicht bloß als »Steuerbefreiung« verkündet, sondern als Anerkennung der Religionsgemeinschaft. Damit hat die Entscheidung allerdings nichts zu tun:

> Die »Vereinbarung« enthält jedoch in keinem ihrer Abschnitte den Hinweis, dass Scientology eine Religion ist, es wird immer nur von der Steuerbefreiung für eine gemeinnützige Organisation gemäß den Steuergesetzen der Vereinigten Staaten gesprochen.[116]

116 Landesamt für Verfassungsschutz Baden-Württemberg (Hrsg.): Der Kampf der Scientology-Organisation um die Anerkennung der Gemeinnützigkeit in den USA und seine Auswirkungen auf Deutschland. Stuttgart, 2004, S. 36.

Als gemeinnützig anerkannt zu werden ist in den USA nicht schwierig; viele – gerade sich religiös gebende Gruppen – haben diesen Status.

Für Hubbard, seine Nachfolger und damit seine Organisation hat die Erlangung dieses Status verhältnismäßig lange gedauert. Und die Entscheidung ist nur vorläufig ergangen. Von einer endgültigen dauerhaften Steuerbefreiung ist bisher nichts verlautet. Bekannt geworden sind allerdings die Schwierigkeiten und die Gründe dafür, die die Organisation jahrzehntelang in den USA hatte:

Die Aufgabe, den gemeinnützigen Status zu erlangen, oblag innerhalb des Systems dem Vorläufer des Office of Special Affairs (OSA), dem Guardian Office (GO), also dem Geheimdienst. In den 70er-Jahren war die Chefin des Geheimdienstes die damalige Ehefrau von L. Ron Hubbard, Mary Sue. Die hohe Bedeutung dieses Strebens belegt ein Schreiben von Mary Sue Hubbard an die Vertreterin des Guardian Office am 27. Mai 1975:

> Unsere genaue Strategie mit der IRS (US-amerikanische Steuerbehörde, Anm. d. Verf.) wird Folgende sein:
>
> 1. sich jeder Methode bedienen, mit der wir die Schlacht um den gemeinnützigen Status gewinnen können.
> 2. wir haben alle Zeit, auch über Jahre. ... Wir arbeiten, um zu gewinnen, aber auch um Zeit zu gewinnen, die für uns arbeitet, nicht für sie.

Entsprechend dieser Marschrichtung ist man dann auch vorgegangen: Man hatte Zeit. Rückschläge gab es immer wieder. So hatte der Internal Revenue Service (IRS), die US-amerikanische Steuerbehörde, der Organisation bereits 1957 einmal den Gemeinnützigkeitsstatus verliehen, also die Steuerbefreiung gewährt. Dieses Glück dauerte allerdings nur 10 Jahre, dann wurde genau diese Steuerbefreiung wieder aufgehoben. Danach wird das »Snow White«-Programm entwickelt; die Anweisung, alle Methoden anzuwenden, werden umgesetzt – und das nicht ohne Folgen: 1977 schlägt das feindliche Imperium zurück: Das FBI durchsucht das Hauptquartier der Scientologen in Washington D.C. und in Los Angeles und beschlagnahmt belastendes Material. Dieses reicht, um hochrangig verantwortliche Mitglieder, darunter auch Mary Sue Hubbard, wegen Verschwörung zu verurteilen und ins Gefängnis zu schicken.

Wegen der schlechten Presse wird prompt das Guardian Office umbenannt in das Office of Special Affairs (OSA). (Offiziell gilt das Jahr 1983 als Auflösungsjahr des GO und der Etablierung der OSA.) Dass sich außer dem Namen jedoch nichts an den Methoden und Vorgaben geändert hat, haben u.a. ehemalige Anhänger aus den USA bestätigt.

1984 wird die Nationale Vereinigung der »IRS Whistleblowers« gegründet. Ziel dieser Gerüchteabteilung von Scientology ist es, die Glaubwürdigkeit des US-amerikanischen Finanzministeriums zu untergraben. Im Sommer 1989 folgt nach Angaben des Landesamtes für Verfassungsschutz die Einstellung von privaten Ermittlern, die das persönliche Umfeld leitender Angestellter des Finanzministeriums untersuchen. Diese Aktionen sind anscheinend von Erfolg gekrönt, denn im August 1993 kommt es zu einer geheimen Vereinbarung zwischen Finanzministerium und Scientology, die die Steuerbefreiung beinhaltet und die seither Bestand hat. Das Ziel ist erreicht; mit welchen Mitteln, wird nicht bekannt. Der Boss von Scientology kann triumphieren.

Nicht nur in Europa wurde diese Kehrtwende der Einschätzung der Organisation durch die US-amerikanische Behörde mit Befremden zur Kenntnis genommen, auch in den Medien der USA kam die Überraschung darüber zum Ausdruck: Die *New York Times* berichtet 1997 in einem Artikel ausführlich und stellt fest, dass noch 1992, also nur ein Jahr vor der Steuerbefreiung, ein Urteil des US-Berufungsgerichts die ursprüngliche Entscheidung der Steuerbehörde, der Organisation die Steuerbefreiung zu verweigern, bestätigt. Doch selbst die in diesem Urteil formulierte Untermauerung der Einschätzung der Behörde, es handele sich bei Scientology um eine Organisation mit kommerziellem Interesse, konnte den Lauf der Verhandlungen nicht mehr aufhalten.

Eine ähnliche Stoßrichtung wie der Bericht in der *New York Times* hat die von der Scientology-Organisation als Störfeuer eingeschätzte Titelstory des *Time Magazine* mit der Überschrift *Scientology – Kult der Habgier* aus dem Jahr 1991. Zehn Jahre prozessiert Scientology gegen diese Story. Letztendlich wird vom Gericht jedoch festgestellt, dass der Artikel – inklusive der Aussage, die »Kirche« sei »eine riesige gewinnbringende globale Gaunerei, die durch Einschüchterung ihrer Mitglieder und Kritiker in Mafia-Manier überlebt« – nicht mutwillig rufschädigend gewesen sei. Deutlicher kann man wohl kaum gegen die Organisation Stellung beziehen.

Wie auch immer die Entscheidung zur Steuerbefreiung dennoch zustande kam – seitdem tritt die Scientology-Propaganda in allen politischen oder gerichtlichen Auseinandersetzungen auf, als sei sie in den USA als Religion anerkannt. Wer liest denn schon die gesamte Vereinbarung? Und Verfassungsrechtler ist ja auch nicht jeder. Was zählt, ist das Resultat: Die Desinformation der Organisation funktioniert – überall.

Die Auswirkungen im politischen Raum waren überraschend schnell zu spüren: Kurze Zeit nach der Entscheidung der Steuerbehörde veröffentlicht das US-Außenministerium seinen Menschenrechtsbericht, und hier taucht dann erstmalig der Vorwurf auf, die Mitglieder der Scientology-Organisation würden in Deutschland diskriminiert. Seitdem finden sich diese Vorwürfe in unterschiedlicher Schärfe wieder. Die Anweisungen Hubbards, auch staatliche Institutionen zu nutzen, um Kritik und Kritiker möglichst zum Schweigen zu bringen, können über verschiedene politische Institutionen in den USA durchaus als umgesetzt gelten. Die sorgenvollen Stimmen aus den USA in Richtung Deutschland sind dokumentiert:

Besorgniserregend ist, dass der Vorsitzende des Auswärtigen Ausschusses des Repräsentantenhauses, Benjamin Gilmann, zu denjenigen gehört, die die im Oktober 1997 abgelehnte Resolution (es handelte sich um eine Resolution, die sich gegen die Bundesrepublik Deutschland richtete, Anm. d. Verf.) unterstützen. Offenbar ist die Versuchung vieler Abgeordneter doch größer als angenommen, auf den manipulativen Umgang der Church of Scientology mit der deutschen Geschichte und den tatsächlichen politischen und rechtlichen Verhältnissen in Deutschland zustimmend zu reagieren. Es ist absehbar, dass die Church of Scientology in der nächsten Runde der Auseinandersetzung ihre Public-Relations-Kampagne wieder zu verstärken versuchen wird. Ihr stehen dabei beachtliche Kräfte zur Verfügung: Schauspieler, Politiker, ein nach wie vor latent kritisches Deutschlandbild in großen Teilen der amerikanischen Medien, smarte Rechtsanwälte und Public-Relations-Spezialisten sowie Geld, und zwar sehr viel Geld. Ob und in welchem Maße dabei Geld der Church of Scientology in die Politik Eingang findet, ist schwer nachzuweisen. Möglicherweise lohnt es sich jedoch, dieser Spur nachzugehen.[117]

Wie in den USA kurz nach Entstehen der ersten Dianetik- und Scientology-Einrichtungen gab es auch in Europa sehr schnell Auseinandersetzungen mit Behörden und natürlich vor den Gerichten. Solche Gerichtsverfahren dauern in der Regel länger und länger, was im Wesentlichen an den taktischen Spielen der Rechtsanwälte der Scientology-Organi-

117 Vermerk des Direktors der Friedrich-Ebert-Stiftung, zitiert in: Thomas Kruchem: Staatsfeind Scientology? München, 1999, S. 425.

sation liegt. Nicht immer – wie die Erfahrung zeigt – sind die verschiedenen Gerichte und Instanzen in der Lage, sich mit den Manövern auseinanderzusetzen. Anders lief es aber bei dem folgenden Verfahren, das sich zwar lange hinzog, aber in der Bewertung immerhin relativ eindeutig ausfiel:

Hintergrund war ein Erlass des damaligen Bundesinnenministers, der 1972 (!) das Bundeskriminalamt (BKA) beauftragte, vorhandene Erkenntnisse über die Scientology-Organisation mitzuteilen. In diesen Zeitraum fallen die ersten Schritte der Organisation auf bundesrepublikanischem Boden, die ersten Vereine waren gegründet, und eigentlich befand man sich von Seiten der Scientology noch in den Kinderschuhen. Aber irgendwie müssen sie doch aufgefallen sein, sonst wäre es wohl zu diesem Erlass des Bundesinnenministers nicht gekommen.

Das Bundeskriminalamt verfügte noch über keine nennenswerten Erkenntnisse, und so stützte sich der Bericht an den obersten Dienstherrn auf Erkenntnisse, die man über Interpol erhalten hatte. Diese wiederum waren einem Bericht aus 1969 von New Scotland Yard entnommen. Was das Bundeskriminalamt zu berichten hatte, ist das, was auch heute immer noch zu einem wesentlichen Teil die Vorwürfe an die Organisation ausmacht:

> Die Tätigkeit der Organisation besteht in einer psychologischen Amateur-Analyse des Menschen, was als eine Art Gehirnwäsche bezeichnet werden kann. … Für gewöhnlich stellt der Auditor stehend an den Lernenden stundenlang immer wieder ein bis drei Fragen. Der Geist des Lernenden wird dadurch schließlich verwirrt. … Dagegen ist bekannt, dass es keinem »scientologist« … gestattet ist, einen Arzt aufzusuchen, es sei denn, dass eine chirurgische Behandlung dringend erforderlich ist. Aber auch dann muss die Genehmigung eines Ethikers eingeholt werden, der nichts anderes als ein Sicherheitsbeauftragter der Organisation ist.[118]

---

118 Oberlandesgericht München 1 U 1273/81, Urteil vom 28.1.1982, S. 5.

Damit aber nicht genug: Der Bericht aus Großbritannien geht noch weiter, sodass man sich die Frage stellen muss, wieso heute eines der Europazentren in der Nähe von London liegt:

> Die Regierung (d. britische, Anm. d. Verf.) ist jedoch zu dem Schluss gekommen, dass diese Bewegung so anstößig ist, dass alles, was in ihrer Macht steht, getan werden muss, um ein weiteres Anwachsen der Bewegung einzudämmen. Es wird vermutet, dass Angehörige der Bewegung Straftaten (Betrug, schwere Körperverletzung und Erpressung) begangen haben. Es ist bekannt, dass sich einige Mitglieder der Organisation mit anderen zusammengetan haben, um unschuldige Leute in kriminelle Angelegenheiten zu verwickeln und um sie fälschlicherweise eines Verbrechens zu bezichtigen.[119]

Klar, dass Scientology die Weitergabe dieses Berichtes an andere Stellen in der Bundesrepublik Deutschland verhindern wollte. 1982 verlor die Organisation zwar das entsprechende Verfahren, aber ein Ziel war erreicht: Zu diesem Zeitpunkt interessierte sich nur noch eine Minderheit für dieses langwierige Verfahren, und die Organisation war inzwischen in der Bundesrepublik angekommen und hatte deutsche Anhänger gewonnen, die natürlich nichts über die Vorwürfe von Interpol und dem Bericht an den Innenminister wussten.

Weitere Auseinandersetzungen lassen allerdings nicht lange auf sich warten. Die nächste Schlacht wird in München geschlagen. Hier wiederholt sich, was bereits im Bericht an den Bundesinnenminister steht: Die Kritiker der Organisation werden diffamiert, angezeigt, sie sollen zum Schweigen gebracht werden. Das Ergebnis endet für die Organisation in einem Fiasko, da die Staatsanwaltschaft in München den Spieß umdreht. Die Einstellungsverfügung der Strafanzei-

119 Ebd., S. 8.

ge liest sich wie eine Anklageschrift an die Organisation. Auch hier wird belegt, wie Menschen ausgespitzelt wurden und wie skrupellos die Verantwortlichen der Organisation vorgingen. Die aus den beschlagnahmten Unterlagen von Scientology abgeleiteten Vorwürfe ähneln dann auch wieder sehr den bereits von Interpol genannten: Verdacht des Betruges, der Nötigung und des Wuchers, des Verstoßes gegen das Heilmittel- und Heilpraktikergesetz. Auch die Finanzen haben anscheinend die Münchner Behörden beschäftigt; es gab einen Haftbefehl gegen einen der führenden Machthaber. Der allerdings entzog sich der Justiz und entschwand in die Schweiz. In beiden Fällen wurden die Ermittlungsverfahren gegen die Scientologen letztlich eingestellt.

Juristische Niederlagen der Organisation, verbunden mit Einschätzungen über die Vorgehensweise werden in der Außendarstellung natürlich nicht thematisiert. Dabei sind diese häufiger, als es den Bossen in den USA lieb sein kann. Aber Scientology profitiert wohl auch vom »kurzen Gedächtnis« der Öffentlichkeit.

Auch auf der anderen Seite des großen Teiches, dieses Mal in Kanada, kam es Ende der 1990er-Jahre zu einem Urteil gegen die Gesamtorganisation. Sie wurde zu einer Geldstrafe in Höhe von 250.000 Dollar verurteilt und eines der Scientology-Mitglieder zu einer zusätzlichen Geldstrafe in Höhe von 5.000 Dollar. Die Grundlage der Verurteilung, die auch durch die Revision in Kanada bestätigt wurde, legte ähnliche Vorgehensweisen offen, wie sie bereits in den USA festgestellt wurden und zu den Gefängnisstrafen der Verantwortlichen für das Guardian Office geführt hatten. Das Gericht stellte nämlich fest, dass sich auf Veranlassung der Organisation Mitglieder gezielt bei der Polizei und dem Justizministerium in der Provinz Ontario beworben und nach ihrer Einstellung unter Verstoß gegen den Amtseid Kopien vertraulicher Unterlagen entwendet und der Scientology-Organisation zugespielt hatten. Interessanterweise war in Kanada für die Revision noch das Guardian Office verantwortlich, das zu diesem Zeitpunkt angeblich formal nicht mehr existierte. Das Gericht in Kanada machte in seinem Urteil dann sehr deutlich, dass die Abteilung des Guardian Office, unter deren Aufsicht die Aktion gelaufen war, keine unabhängige Einrichtung ist, sondern zum Gesamtsystem gehört.

Fast zeitgleich wurde ein ehemaliger Leiter einer Scientology-Einheit in Lyon in Frankreich verurteilt. Die Vorwürfe lauteten fahrlässige Tötung und Betrug. Neben dem Leiter wurden weitere 14 Scientologen verurteilt. Die Strafen wurden zwar zur Bewährung ausgesetzt, aber auch in diesem Verfahren wurde dokumentiert, dass für Fehlverhalten von Mitgliedern eine Verantwortung des Systems herangezogen werden kann. In seinem Urteil stellt das Gericht unter anderem Folgendes fest:

> Daher sind die irreführende Werbung, die den Ansatzpunkt für das Aufsuchen des Zentrums durch den Neuling darstellt, und das zu Beginn genährte Unwissen des Neulings hinsichtlich der Bedeutung der Ausdrücke »Dianetik-Zentrum« oder sogar »Scientology-Kirche«, ebenso wie die eingesetzten Methoden des Kundenfangs und die Praxis des Auditing, die Reinigungs-Kuren und die als Mittel zum »Verpfeifen« eingesetzten Bekenntnisse, sowie die Ethik-Berichte, also all diese Methoden, die dazu bestimmt sind, Geld wegzunehmen und den Neuling gleichzeitig seiner freien Entscheidungsfähigkeit zu berauben, jeweils als betrügerische Machenschaften anzusehen, die dazu bestimmt sind, ihn zu hintergehen.[120]

Auch Griechenland hatte seine Last mit der Organisation. Im Gegensatz zu anderen Ländern zogen die Athener Ge-

---

120 Homepage der Bayerischen Staatsregierung: http://www.innenministerium.bayern.de.

richte allerdings weitergehende Konsequenzen: 1997 erging ein rechtskräftiges Urteil, das die Auflösung der Athener Scientology-Niederlassung anordnete. Die grundsätzliche Bewertung fiel vernichtend aus:

> Aufgrund dessen, und als völlig logische Notwendigkeit, die die Möglichkeit jeder anderen Version ausschließt, wurde vollständig erwiesen, dass der Berufungsgegner (Scientology, Anm. d. Verf.) eine Vereinigung mit totalitären Strukturen und Tendenzen ist, die den Menschen im Grunde verachtet, wobei sie oberflächlich frei handelt, lediglich mit dem Ziel, Mitglieder zu rekrutieren, die in der Folge der Gehirnwäsche unterzogen werden, mit allen vorgenannten Verfahren und Theorien und dem Ziel der Gedankenkontrolle, aber auch zum Brechen des Widerstandes (Grundlegende Position des Gründers der Scientology), sodass wir es schließlich mit willenlosen Kreaturen zu tun haben, die ihre Entscheidungsfähigkeit auf Grund des freien Willens verloren haben, nachdem sie die Stadien der Lehren der Scientology durchlaufen haben.[121]

Schon diese kleine Auswahl unterschiedlicher Gerichte in unterschiedlichen Ländern zeigt, dass sich alle mit denselben Vorgehensweisen befassen. Von Abhängigkeit der Mitglieder von der Organisation bis zum totalitären Charakter des Gesamtsystems ist alles vertreten. Ungeachtet dessen ist die Organisation ihren Weg unbeirrt weitergegangen. Insbesondere Osteuropa lag im Blickpunkt in den 1990er-Jahren, was am besten durch die Offenlegung von Materialien eines Aussteigers belegt werden kann:

Beispielschauplatz für die Strategie ist Albanien. Von Deutschland aus wurde das Projekt »Bulgravia« (ein Hubbard-Kunstwort zur Bezeichnung eines scientologisch funktionierenden Landes oder einer Region) in Angriff genommen. Die Pläne umfassten vom Aufbau von Presseorganen bis zur Einflussnahme auf die Regierung alles, was Hubbards Konzept generell vorsieht. Vereinnahmt in diese

121 Ebd.

Pläne wurden auch deutsche Anwaltskanzleien und sogar das deutsche Konsulat in der albanischen Hauptstadt Tirana. Nachdem die deutschen Medien den Albanien-Feldzug deutscher Scientologen aufdeckten, befasste sich auch das Medium der deutsch-albanischen Freundschaftsgesellschaft mit den Ansprüchen der Thetane. Im entsprechenden Artikel kommt die Besorgnis zum Ausdruck, aber auch die klare Formulierung der Zielrichtung der Scientologen:

> Das Ziel: Das erste wirklich freie Land auf diesem Planeten ohne Krieg, Wahnsinn und Kriminalität ... Scientology will Albanien systematisch unterwandern, um es zum ersten scientologischen Staat der Erde zu machen.[122]

In dieser Deutlichkeit wurde der politische Machtanspruch der Organisation selten dokumentiert. Auch eine Liste aller zu rekrutierenden aktiven Scientologen machte unmissverständlich deutlich, dass auf alle diejenigen in Deutschland zurückgegriffen werden sollte, die in der Lage sind, in bestimmten Bereichen tätig zu werden. Als Religion trat man nicht auf, die Umsetzung lag schwerpunktmäßig auf Mitgliedern des Wirtschaftsdachverbandes WISE.

Die politischen Ansprüche der Organisation spielten vor den Gerichten bisher eine untergeordnete Rolle. Dies änderte sich allerdings schlagartig, als in der Bundesrepublik Deutschland die *Ständige Konferenz der Innenminister- und Senatoren des Bundes und der Länder* im Jahr 1997 auf der Grundlage eines Berichtes (den eine Arbeitsgruppe von Vertretern von Landesämtern für den Verfassungsschutz erarbeitet hatte) zu dem Ergebnis kam, dass es sich bei der Organisation Scientology um eine neue Form des politischen Extremismus handelte und daher die gesetzlichen Vo-

122 Albanische Hefte, 4/1993, S. 18.

raussetzungen für die Beobachtung durch die Verfassungsschutzämter eröffnet sei. Die Organisation klagte dagegen – allerdings nicht in jenen Bundesländern, in denen sie wohl davon ausging, dass die Erkenntnisse über Lehre und Aktivitäten besonders hoch seien, sondern sie suchte sich nur zwei Bundesländer, das Saarland und Berlin, und das Bundesamt für Verfassungsschutz als juristischen Gegner aus. In dem Verfahren vor den Berliner Verwaltungsgerichten konnten sie immerhin einen Teilerfolg verbuchen: Die Beobachtung mit nachrichtendienstlichen Mitteln hielten die Gerichte auf der Grundlage der Berliner Gesetzeslage für nicht angemessen. Entgegen der von der Organisation in der Außendarstellung immer wiederkehrenden Behauptung, die Berliner Verwaltungsgerichte hätten grundsätzlich die Beobachtung untersagt, ist davon allerdings im Urteil nichts zu lesen. Und die Auseinandersetzung mit dem Bundesamt für Verfassungsschutz ging in der ersten Instanz um einiges schlechter für die Organisation aus. Die Begründung der Abweisung der Klage bestätigt die gewonnenen Erkenntnisse in vollem Umfang. Die Beobachtung auch mit nachrichtendienstlichen Mitteln des Bundesamtes für Verfassungsschutz sei rechtmäßig, da es tatsächliche Anhaltspunkte gebe, dass die Organisation Bestrebungen gegen die freiheitlich demokratische Grundordnung der Bundesrepublik Deutschland verfolge. Insbesondere, führt das Gericht aus, richten sich die Bestrebungen gegen die Menschenrechte, gegen das Recht des Volkes, die Staatsgewalt in Wahlen und Abstimmungen zu bestimmen.

Auch dieses Urteil aus dem Jahr 2004 hat jedoch natürlich nicht dazu geführt, dass sich an den vorgegebenen Zielen etwas geändert hätte. Und auch die Mitglieder weltweit funktionieren nach wie vor mental programmiert im System. Die Marschrichtung der Organisation ist weiter klar und sollte ernst genommen werden. Von Politik, Kultur und vor allem von all denen, die sich bisher haben täuschen lassen von der Strategie des Gründers Hubbard, als religiöse Engelchen daherzukommen, aber unter diesem Deckmantel zu versuchen, ein menschenverachtendes politisches System überall da einzuführen, wo kein Widerstand erwächst.

Der Widerstand ist nach wie vor vorhanden. In Deutschland ist allerdings feststellbar, dass insbesondere staatlicherseits das Interesse, den Schutz vor der Organisation zu erhöhen, eher einer verharmlosenden Gleichmut gewichen ist. Ähnliches ist bei den Vorreitern der Aufklärung über Scientology, den beiden christlichen Kirchen, festzustellen. In den 1990er-Jahren strebte man Seite an Seite – Staat und Kirchen – nach Aufklärung, nach Hilfestellung für Betroffene usw. Wenn es auch immer unterschiedliche Herangehensweisen geben musste, war doch die Einigkeit über die Gefahren der Organisation der wesentliche Zusammenhalt im Kampf gegen Scientology. Umso erstaunlicher ist es, dass trotz der Einigkeit zwischen Politik, Justiz und Kirche die Organisation weiterhin fortschreitet. In Deutschland zumindest, wenn nicht gar europaweit, müsste inzwischen genug Material gesammelt worden sein, um die Organisation zu verbieten.

Mut zum Verbot!

Fertigen Sie eine Untersuchung einer Regierung an – irgendeiner Regierung, die es heute auf der Erde gibt – so, wie Sie eine Untersuchung einer Einzelperson mit der Tonskala anfertigen würden. Was würden Sie finden? Einen Mörder, einen Nichtproduzierenden, ein Ding, das keine Engramme verarbeiten kann – kurz, einen Geisteskranken.

Warum?

Die Erfindung der »offiziellen Handlung« im Unterschied zur »persönlichen Handlung« war der Anfang von Regierungen. …

Definition eines Geisteskranken: Ein Individuum, das nicht persönlich für seine eigenen Handlungen verantwortlich ist.

Definition eines öffentlichen Bediensteten: Ein Individuum, das nicht persönlich für seine eigenen Handlungen verantwortlich ist.

Ergebnis: geisteskranke Regierung«.[123]

So alarmierend und unzutreffend dieses Zitat aus einer OSA-Order, die zwei Jahre nach Hubbards Tod von David Miscavige auf der Grundlage von Aufzeichnungen des Gründers verfasst wurde, natürlich ist, so könnte man, wollte man böse argumentieren, tatsächlich einen Beweis für dieses Gleichnis anführen. Denn wie kann es sein, dass eben die öffentlich Bediensteten, die hier als geisteskrank bezeichnet werden, trotz alledem kein Verbotsverfahren gegen die Organisation einleiten, die solche Anordnungen verfasst?

In Deutschland ist die Frage der Einleitung eines Verbotsverfahrens immer einmal wieder diskutiert worden. In den Bundesländern Bayern und Hamburg gab es noch 2008 Stimmen, die sich dafür aussprachen. Aber sie setzten sich nicht durch.

---

123 Office of Special Affairs Network Order: Die Gattung der geisteskranken Regierungen (aus undatierten Notizen von L. Ron Hubbard). Herausgegeben als OSA NW Order am 17. Februar 1988.

Daher hier nun eine Erläuterung, wie es gehen könnte, wenn man denn wollte und den eventuellen Zorn einer US-amerikanischen Administration nicht fürchtet:

Eine grundlegende Voraussetzung für die Einleitung eines Verfahrens mit dem Ziel eines Betätigungsverbotes der Scientology Organisation in Deutschland wäre die Feststellung, dass die in Deutschland nach der Technologie von L. Ron Hubbard tätigen Vereine, Gruppen und Firmen ihre Aktivitäten im Verbund mit der internationalen Organisation Scientology entfalten, also nicht als selbstständig agierende Einheiten in Deutschland anzusehen sind. Dies wäre kein Hexenwerk: Seit die Organisation in Deutschland vom Verfassungsschutz – immerhin seit 1997 – beobachtet wird, durchziehen Darstellungen der Hierarchie der Organisation mit dem Hauptsitz in den USA alle öffentlich zugänglichen Berichte der verschiedenen Landesämter und des Bundesamtes für Verfassungsschutz. Nach dem deutschen Vereinsgesetz (§ 14 Abs. 2 VereinsG) kann daher ein Betätigungsverbot als ausländischer Verein ausgesprochen werden.

Die mildere, aber bestimmt trotzdem von Erfolg gekrönte Variante wäre die Einleitung eines Ermittlungsverfahrens mit dem Ziel eines Betätigungsverbotes (§ 4 VereinsG), das den Behörden in Deutschland die Möglichkeit der konzentrierten Ermittlung ermöglichen würde. Diese wäre dann zielgerichtet zu führen. Zielgerichtet auf ein Betätigungsverbot auf dem Gebiet der Bundesrepublik Deutschland. Hierfür ist die Feststellung nötig, dass ein Verbotsgrund im Sinn der im Vereinsgesetz aufgeführten Voraussetzungen erfüllt ist. Einer genügt, und einer der Gründe sind Aktivitäten gegen unsere verfassungsmäßige Ordnung, also Verfassungsfeindlichkeit. Dass dies eine überwindbare Hürde ist, zeigen die mehrfachen entsprechenden Attestierungen der Verfassungsschutzämter und – nicht zu vergessen – der Verwaltungsgerichte von Köln und Münster.

Hilfreich wäre sicherlich auch, wenn die Verfassungsschützer nicht mehr ihr Hauptaugenmerk auf die Mitglieder richten würden, sondern einmal intensiver recherchieren würden, wie weit eigentlich der Einfluss in Politik und Justiz gediehen ist. Denn gerade die Verfassungsschützer sind es, die die Zersetzungsstrategie beschreiben, mit der der demokratische Staat im Sinn der vorgegeben Ziele scientologisch umgewandelt werden soll. Aber vielleicht ist es zu viel verlangt, dass deutsche Behörden einen mit Sitz in den USA agierenden Verein verbieten wollen, der inzwischen wohl unbestreitbar über politischen Einfluss auf die US-amerikanische Administration besitzt. Dabei ist es dann wohl nicht von großer Relevanz, was in dieser Organisation passiert und wie verfassungsfeindlich sie daherkommt.

Abschied der Autorin vom Thema und Danksagung

Dieses Buch ist mein letztes Buch über die Scientology-Organisation. Am Thema interessierte Menschen oder Betroffene haben sicherlich verfolgt, dass ich nicht mehr für den Hamburger Senat tätig bin. Mit Ende des Arbeitsvertrages zwischen mir und der Hamburger Landesregierung endet auch mein Engagement gegen diese Organisation. Die Entscheidung, früher als ursprünglich geplant die berufliche Bühne zu verlassen, ist mir nicht leichtgefallen. Allerdings war es mir unter der zunehmend schwieriger werdenden bürokratischen Situation nicht mehr möglich, meine Aufgabe in dem Umfang auszuüben, wie er meinen eigenen Ansprüchen gerecht würde. Veränderungen in diese Richtung nimmt man erst einmal zur Kenntnis, versucht dagegen anzuarbeiten, aber irgendwann ist es nicht mehr möglich. Ich möchte an dieser Stelle die Gelegenheit wahrnehmen, um in aller Deutlichkeit klarzustellen, dass alle Anfeindungen, Verleumdungen und Drohungen von Seiten der Scientology-Organisation mich niemals zu diesem Schritt bewogen hätten. Aber diese Arbeit – es sei noch einmal betont – ist nur leistbar, wenn Politik und Regierung den entsprechenden Aktionsraduis schaffen und im Kampf gegen die Organisation entschlossen mitziehen. Ich wünsche allen, die nach wie vor die Notwendigkeit der Aufklärung und der Hilfestellung für Betroffene sehen und in diesem Sinn weiterarbeiten, viel Kraft, Mut und Ausdauer. Vielleicht gibt ja auch dieses Buch etwas Hilfestellung.

Abschied nehmen heißt auch Danke sagen! Danke an diejenigen, die mit mir voller Vertrauen zusammengearbeitet haben. Allen voran die Kolleginnen und Kollegen, die mit mir die Arbeitsgruppe Scientology bei der Hamburger Innenbehörde aufgebaut haben und mit mir die vielen Anfeindungen, Ausspähungen etc. aushalten mussten. Von der langen Reihe der Hamburger Innensenatoren, die während der Zeit meine Vorgesetzten waren, gibt es zwei, die ich hier gerne namentlich erwähnen möchte: Den inzwischen leider verstorbenen Werner Hackmann und den Senator a. D. Udo Nagel, der mit seinem Vertrauen in meine Arbeit und die meiner Kolleginnen und Kollegen dafür gesorgt hat, dass die Scientology-Organisation während seiner Amtszeit als Senator nicht besonders viel Freude hatte.

Das größte Dankeschön geht an alle diejenigen, die nach ihrem Ausstieg aus der Organisation, trotz aller internen Verleumdungen, mir ihr Vertrauen geschenkt haben. Durch sie konnte Aufklärungsarbeit geleistet werden. Durch ihre Informationen wurden wesentliche gerichtliche Auseinandersetzungen zum Erfolg für die Hamburger Landesregierung.

Und dann zum Schluss der Dank an mein privates persönliches Umfeld, Familie und Freunde, die sicherlich öfter, als sie es gesagt haben, diesen Job, den ich machte, verflucht haben.

Ursula Caberta

Literaturverzeichnis

Albanische Hefte, 4/93, S. 18.se

Arendt, Hannah, Elemente und Ursprünge totaler Herrschaft. Frankfurt/Main, 1955.

Bayerisches Staatsministerium des Innern, Der Verfassungsschutz informiert. München, 1998.

Caberta, Ursula; Träger, Gunther, Scientology greift an. Düsseldorf, 1997.

Christ, Angelika; Goldner, Steven, Scientology im Management. Düsseldorf, 1996.

Freie und Hansestadt Hamburg (Hrsg.), Mitteilung des Senates an die Bürgerschaft der Freien und Hansestadt Hamburg. Drucksache 15/4059, 26.9.1995.

Haack, Friedrich-Wilhelm, Scientology. Magie des 20. Jahrhunderts. München, 1991.

Hamburger Abendblatt, 25.7.1992.

Hubbard, L. Ron, HCO PL. New Testing Promotion Section. 28.10.1960.

Hubbard, L. Ron, Dianetics and Scientology Technical Dictionary. Los Angeles, 1975.

Hubbard, L. Ron, Scientology. Die Grundlagen des Denkens. Kopenhagen, 1981.

Hubbard, L. Ron, Das Handbuch für den Ehrenamtlichen Geistlichen. Kopenhagen, 1983.

Hubbard, L. Ron, Dianetik. Die moderne Wissenschaft der geistigen Gesundheit. Kopenhagen, 1984.

Hubbard, L. Ron, Die Reinigungs-Rundown-Serie. Kopenhagen, 1986.

Hubbard, L. Ron, PTS/SP-Kurs. Kopenhagen, 1989.

Hubbard, L. Ron, HCO Bulletin 23.1.1974, bearbeitet am 25.4.1991. FO 2361, – Abk. CC

Jaschke, Hans-Gerd, Fundamentalismus in Deutschland. Gottesreiter und politische Extremisten bedrohen die Gesellschaft. Hamburg, 1998.

Kent, Stephen A., Gehirnwäsche im Rehabilitation Project Force (RPF). Hamburg, 2000.

Kruchem, Thomas, Staatsfeind Scientology? München, 1999.

Küfner, Heinrich; Nedopil, Norbert; Schöch, Heinz, Gesundheitliche und rechtliche Risiken bei Scientology. Lengerich, 2002.

KVPM (Kommission für Verstöße der Psychiatrie gegen Menschenrechte), Psychiatrie betrügt Kinder und setzt sie unter Drogen. Stuttgart, 2000.

Landesamt für Verfassungsschutz Baden-Württemberg (Hrsg.), Die Scientology Organisation (SO). Stuttgart, 2003.

Landesamt für Verfassungsschutz Baden-Württemberg (Hrsg.), Der Kampf der Scientology-Organisation um die Anerkennung der Gemeinnützigkeit in den USA und seine Auswirkungen auf Deutschland. Stuttgart, 2004.

Minhoff, Christoph; Müller, Martina, Scientology. Irrgarten der Illusionen. Berlin, 1998.

Ministerium für Kultur, Jugend, Familie und Frauen, Rheinland-Pfalz, Scientology in der Wirtschaft. Mainz, 1995.

Miscavige, David, Besondere Botschaft an alle Scientologen vom Vorsitzenden des Religious Technology Center. 11. September 2001.

New Era Publications International (Hrsg.), Was ist Scientology? Kopenhagen, 1998.

Oberlandesgericht München 1 U 1273/81, Urteil vom 28.1.1982.

Office of Special Affairs, INT ED 570, 07.02.1989.

Potthoff, Norbert; Kemming, Sabine, Scientology-Schicksale. Eine Organisation wird zum sozialen Störfall. Bergisch-Gladbach, 1998.

Schneider, Karl-H., Der kosten-, aber nicht folgenlose Scientology-Test. München, 1991.

Scientology Kirche Bayern e.V., Ursprung. Zeitschrift der Scientology-Kirche Bayern e.V.. München, 2005.

Sendeprotokoll, Tod eines Scientologen, 11.3.1998.

Süddeutsche Zeitung, 21.4.1997, Nr. 91, S. 3.

Süss, Sonja, Politisch missbraucht, Psychiatrie und Staatssicherheit in der DDR. Berlin, 2000.

Verwaltungsgericht Köln 20K 1882/03, Urteil vom 11.11.2004.

Voltz, Tom, Scientology und (k)ein Ende. Düsseldorf, 1995.